Eva Manteufel/Norbert Seeger · Selbsterfahrung mit Kindern und Jugendlichen

Eva Manteufel · Norbert Seeger

Selbsterfahrung mit
Kindern und Jugendlichen

Ein Praxisbuch

Kösel

ISBN 3-466-30330-3
© 1992 by Kösel-Verlag GmbH & Co., München
Printed in Germany. Alle Rechte vorbehalten
Druck und Bindung: Kösel, Kempten
Umschlag: Elisabeth Petersen, Glonn
Umschlagfoto: Manfred Kriegelstein, Berlin

1 2 3 4 5 6 · 97 96 95 94 93 92

*Gedruckt auf umweltfreundlich hergestelltem Werkdruckpapier
(säurefrei und chlorfrei gebleicht)*

Meinen Eltern
Eva

Für Rita und Norman
Norbert

Inhalt

Autogenes Training und Geschichten zum Wohlfühlen . . . 153

Vorwort

Ich freue mich, Ihnen dieses Buch vorstellen zu dürfen. Es geht darin um Phantasie und Bewußtheit. Und es ist ein praktisches Buch. Ich liebe praktische Bücher, sie haben mit Erfahrung zu tun. Sie geben Gelegenheit zu erfahren und somit zu wissen, damit sind sie nachprüfbar. Phantasie und Bewußtheit sind zwei Aspekte jener mächtigen mentalen Energie, die Teil der göttlichen Natur des Menschen ist. Wir können mit ihr zerstören, aber auch heilen. Alle Kulturen und Zeitalter haben um diese Energie gewußt. Ihre Heiler haben sie dem jeweiligen Zeitgeist und den jeweiligen gesellschaftlichen Bedingungen entsprechend – ihnen oft auch widersprechend – zum Wohl der Menschen eingesetzt.

In der gegenwärtigen Kultur der Äußerlichkeiten versuchen Illusion und Fiktion einerseits und Analyse und Planung andererseits der Phantasie und der Bewußtheit ihren Rang streitig zu machen. Gegen diesen Ersatz hat in den letzten Jahren eine Bewegung eingesetzt, die unter anderem verbunden ist mit Entwicklungen der humanistischen Psychologie und der »neuen Pädagogik«, der neuen Spiritualität und der ganzheitlichen Selbsterfahrung. *Selbsterfahrung mit Kindern und Jugendlichen* stammt aus diesem Zusammenhang und gehört in die große Tradition des Heilens durch die Kraft der mentalen Energie.

Es will eine Hilfestellung für jenes Vakuum an Lebenlernen anbieten, das durch den zunehmenden Verlust von Ganzheitlichkeit entstanden ist. Was die Qualität menschlichen Lebens ausmacht, ist die Beziehung der Individuen zueinander, ihr Kontakt in der Ganzheit, und nicht das monadische Funktionieren von Einzelsystemen. Für den einzelnen meint der ganzheitliche Bezug den zwischen Leib, Gefühlen, Geist, Seele und Umwelt. Er kann auf Dauer nur um den Preis von Krankheit abgeschnitten werden, eine Erfahrung, die den in helfenden und heilenden Berufen Tätigen täglich präsent ist.

Unsere gegenwärtige Kultur gibt vor, dieses Vakuum füllen zu können. Doch trotz der Fülle an sportlichen Betätigungen gibt es ein sehr geringes Maß an Körperlichkeit und Körperbewußtheit, der Fülle an Aktivitäten steht ein geringes Maß an Befriedigung gegenüber, trotz der Fülle an sexuellen Möglichkeiten gibt es nur wenige liebevolle und leidenschaftliche Begegnungen, trotz der Fülle an Nahrung hungert der Geist, die Kirchen sind oft ebenso leer wie die Seelen, die Fülle an Modebekleidung, zumal für Kinder und Jugendliche, versteckt nur den Mangel an emotionaler Wärme und Begleitung. Und es gibt keinen Ersatz für die Umwelt.

Ich bin den Autoren dankbar, daß sie sich die Mühe gemacht haben, mit *Selbsterfahrung mit Kindern und Jugendlichen* ein Buch aus der Praxis für die Praxis mit Kindern und Jugendlichen zu erarbeiten. Veränderungen fangen nicht nur bei uns selbst an. Es ist ein Buch für den Alltag mit Kindern und Jugendlichen, in dem Phantasie, Bewußtheit, Körperbewußtheit, Gefühle und Seele ihren Platz haben. Es stellt eine Auswahl an Übungen und Erfahrungen bereit, die für die liebevolle Arbeit mit Kindern und Jugendlichen zur Selbsterfahrung, Selbstfindung, Konfliktlösung und Heilung emotionaler Wunden geeignet ist. Praktische Bücher wie dieses sind meiner Erfahrung nach sehr notwendig: Sie helfen helfen, und zwar schon in einer Situation, wo »das Kind noch nicht in den Brunnen gefallen ist«. Der Erfahrungshintergrund, aus dem dieses Buch Figur wird, ist meiner Meinung nach viel zu wertvoll, um ihn nur Erwachsenen zu überlassen.

Auf der anderen Seite will ich aber auch vor dem Gebrauch dieses Buches warnen. Es ist kein praktischer Ratgeber im Sinne des »Do it yourself«. Obwohl Selbsttherapien wieder in Mode zu kommen scheinen, eignet es sich nicht für die Hand des emotionalen Heimwerkers. Ich möchte das mit einer Geschichte illustrieren. Es ist eine Variation von Goethes *Zauberlehrling*.

Während einer therapeutischen Fortbildung, bei der es darum ging, das Gruppenleiten zu lernen, war auch ich eines Tages mit dem Leiten dran. Ich erinnere mich gut an meine ängstliche Aufregung und meine Unsicherheit. Ich hatte mich daher in der Vorbereitung zur Gruppenleitung naiverweise zu einer harmlosen Phantasiereise entschlossen, hinter der ich hoffte, mich und meine Gefühle verstecken zu können. Es sollte wenig, und wenn, dann nur Sanftes passieren. Die Phantasiereise war sehr erfolgreich, jedoch anders als geplant. Ich hatte einen gravierenden Fehler gemacht: Ich hatte die Macht der Phantasie unterschätzt. Durch die scheinbar harmlose Phantasiereise hatte ich an emotionalen Reaktionen mehr ausgelöst und in der anschließenden Aufarbeitungsphase weit mehr zu tun, als mir in jener Situation lieb und möglich war. Ich hatte genau die Katastrophe produziert, vor der ich mich durch die Anleitung einer scheinbar harmlosen Phantasiereise hatte schützen wollen.

So gebe ich denn diesem Buch meine guten Wünsche mit auf den Weg. Ich vertraue darauf, daß der liebevolle Geist, aus dem dieses Buch entstanden ist, in einer ebenso liebevollen Aufnahme und Verwendung weiterwirken wird.

Im Februar 1992   *Hennes Groddeck*
Gestalt-Institut Frankfurt am Main e.V.
Gestalt Institute of Houston in Europa/Riethenberghaus e.V.

Einleitung

Was?

Gestatten Sie uns ein kleines Experiment. Nehmen Sie sich einen Moment Zeit, und stellen Sie sich folgendes vor:
Sie halten eine frische, saftige Zitrone in der Hand. Sie führen die Zitrone langsam zum Mund und beißen hinein. Der Saft läuft Ihnen die Finger entlang. Die Zitrone schmeckt sauer. Beobachten Sie sich. Sie werden wahrscheinlich spüren, wie in Ihrem Mund mehr Speichel fließt, sich die Mundschleimhäute zusammenziehen …
Stellen Sie sich jetzt etwas Angenehmeres vor, vielleicht Ihre Freundin/Frau oder Freund/Mann mit Ihnen am Strand liegend … Was immer Sie auch wählen, die Bilder wirken auf Ihre Psyche und auf den Körper. Imaginationen lassen Sie bewußter neue Anteile in Ihnen erleben.

Wozu?

Das vorliegende Buch enthält systematisch geordnete Übungen mit dem Ziel, Kinder und Jugendliche dabei zu unterstützen, sich selbst zu verstehen, vor allem sich selbst zu erfahren und zu erleben: Wer bin ich? Was will ich? Was kann ich tun? Die Übungen können in Einzelsitzungen und Gruppensitzungen angewandt werden, sie enthalten Angaben zum Alter, und am Ende sind didaktisch-methodische Hinweise angefügt, wie die Erfahrungen bewußt gemacht und umgesetzt werden können.

Für wen?

Als Zielgruppe sind angesprochen: Psychologen/Psychologinnen, Psychotherapeuten/Psychotherapeutinnen, Fachärzte/Fachärztinnen für Kinder- und Jugendpsychiatrie, Pädagogen/Pädagoginnen, Pfarrer/Pfarrerinnen, Sozialpädagogen/ Sozialpädagoginnen, Sozialarbeiter/Sozialarbeiterinnen, Grund- und Sonderschullehrer/-lehrerinnen, Lehrer/Lehrerinnen anderer Schularten (besonders mit den Fächern Deutsch, Kunst, Sport, Religion, Ethik, Sozialkunde), Erzieher/Erzieherinnen.

Die Institutionen, die angesprochen werden, sind vielfältig: Schulen und Ausbildungsstätten, außerschulische Jugendarbeit, stationäre und ambulante Einrichtungen, in denen therapeutische Arbeit mit Kindern und Jugendlichen geleistet wird (z.B. Kinder- und Jugendpsychiatrie, Erziehungsberatungsstellen, Kinderkliniken, Rehabilitationseinrichtungen für Kinder und Jugendliche).

Sein Selbst erfahren ist für Kinder und Jugendliche in einer Welt voller Konsumangebote, Videos und Fernseher nicht mehr selbstverständlich. Wörter mit Selbst als Vorsilbe werden häufig gebraucht, aber wer kennt sein Selbst? Das in früheren Zeiten verbreitete Lernen von erwachsenen Vorbildern und Idolen – zum Beispiel Eltern und Lehrern –, bei dem Kindern und Jugendlichen vorgelebt wurde, wie sie zu sein haben, wenn sie sich verwirklichen wollen, ist heute eher die Ausnahme. Wo findet heute ein gewillter Adept noch einen Meister, bei dem er seine Lehrjahre verbringen kann?

In diesen früheren Zeiten, die bis zum Anfang der 60er Jahre reichten, wußte zwar jeder, wie er zu sein hatte, aber dies geschah andererseits häufig auf Kosten der Vielfalt möglicher Lebensentwürfe. Das meiste war vorgegeben, aber eindimensional, und barg damit Starrheit und Zwang in sich.

Heute ist unsere Lebenswelt komplex, viele Werte haben gleichberechtigte Gültigkeit. Selbst die Erwachsenen sind unsicher in dem, was für sie stimmt und was nicht. Allgemein ist diese Frage nicht zu beantworten. Wir müssen für uns selbst herausfinden, was lebensbedeutsam ist. Damit verbunden ist aber die Chance, daß wir unsere eigene Identität entwickeln können. Größere Freiheiten fordern aber auch mehr Verantwortungsbereitschaft von uns allen.

Die Institution Schule hat bei der Unterstützung dieser Selbstfindung in den letzten 15 Jahren eher bescheiden gewirkt. Die Reformpädagogik und die geisteswissenschaftliche Pädagogik hatten bis in die frühen 70er Jahre eine solche Selbstfindungsorientierung. Die eher kognitiv und lernzielorientierte Erziehungswissenschaft fragte dagegen: »Was muß ich können?«, anstatt auch zu vermitteln: »Wer bin ich?«

Im therapeutischen Bereich wurden Kinder und Jugendliche meist in Krisensituationen zu Behandlungsfällen. Kindertherapeuten arbeiteten analytisch oder verhaltenstherapeutisch an der Behebung von Krisen. Für diese Krisen wurde in erster Linie das Individuum selbst verantwortlich gemacht.

Dieses Buch wendet sich aber besonders an solche Pädagogen und Pädagoginnen, Psychologen und Psychologinnen, die erkannt haben, daß die Selbstfindung heute für jeden Menschen in der Kindheit zu beginnen hat und zum alltäglichen Leben dazugehört.

Dies alles basiert auf einem theoretischen Fundament, das unserem heutigen Menschenbild Rechnung trägt. Heute müssen wir in vielen Lebensbereichen agieren und trotzdem ein sicheres Bewußtsein dafür haben, wer wir sind. Ein wichtiges Prinzip des Bildes, das wir uns vom Menschen machen, ist das der Ganzheitlichkeit: Körper, Geist, Seele und Gefühle sind miteinander verwoben. Beschäftige ich mich mit einem dieser Bereiche, stehen die anderen nicht unbeteiligt dahinter und schauen zu, sondern sind dabei.

Im Prozeß der Selbstfindung sollten die Spielregeln des Zusammenlebens, zum Beispiel in einer Familie, immer wieder überdacht und geändert werden. Dabei brauchen Kinder und Jugendliche Unterstützung.

Die Übungen dieses Praxisbuches machen sich die Kraft der Phantasie, der Vorstellung und der Imagination zunutze. Eigene Wünsche und Lebensziele werden deutlich, und jeder lernt seine eigenen Ressourcen kennen und gebrauchen.

Imagination und Entspannung sind die zentralen Elemente des Buches. Die Kraft der Imagination ist so alt wie der Mensch selbst und zeichnet ihn aus.

Diese Kraft wurde und wird von uns Menschen oft ganz selbstverständlich in Form von Träumen, Tagträumen, Phantasien genutzt.

In manchen Kulturen haben Imagination und die Entwicklung der Vorstellungskraft eine größere Bedeutung als bei uns. Bei bestimmten indianischen Völkern arbeiten die Väter am Morgen mit den Kindern ihre Träume der Nacht durch, indem sie sie veranlassen, sich Lösungsmöglichkeiten vorzustellen und wenn möglich auch auszuprobieren. Die Arbeit mit Trance ist diesen Völkern ebenfalls bekannter als uns.

Nun, das hat sich in den letzten Jahren etwas geändert. Imaginationsmethoden – zum Beispiel Phantasiereisen, Autogenes Training, katathymes Bilderleben, Hypnotherapie – verlieren langsam den Hauch der Exklusivität und des Exotischen, halten Einzug in die praktische pädagogische und psychologische Arbeit. Dies ist nicht zuletzt an den einschlägigen Fortbildungsangeboten der pädagogisch-psychologischen Berufsgruppen ablesbar.

In nächtlichen Träumen werden Prozesse verarbeitet, die unser Unterbewußtsein steuern. Tagträume steuern wir selbst dahin, wohin wir wollen. Die Tagträume sind Wegweiser zu unserer Verletzbarkeit. Denn was wir bereits beherrschen und können, kann uns nicht mehr verletzen und beschäftigt uns weder in Nacht- noch in Tagträumen. Es sind Versuche, die bei der Rückkehr in die Realität emotional nachwirken.

Dies alles können wir beim Einsatz von Imaginationsmethoden nutzen. Die Arbeit mit der Imagination ist angeleitetes, gezieltes und problembezogenes Träumen. Wichtig ist, darauf zu achten, daß die Übungsteilnehmer den Unterschied zwischen Phantasiewelt und Realität nie aus den Augen verlieren. Gefährlich ist es, wenn statt menschlicher Begegnungen Träume stattfinden.

Wenn dieser Unterschied aber immer klar ist, liefert die Imagination eine Basis, Realität zu verändern. Das bisher nur Vorstellbare kann leichter Wirklichkeit werden. »Das kann ich mir gut vorstellen«, sagen wir. Das heißt, daß etwas größere Chancen hat, in die Wirklichkeit umgesetzt zu werden, wenn wir es uns zuerst gut vorstellen können. Die Vorstellungen und Erlebnisse der Übungs-teilnehmer bei Imaginationsgeschichten sind ebenfalls Wegweiser und bedürfen wegen ihrer Symbolik häufig erst der Übersetzung. »Ich war in der Phantasie-reise ein Panther« bedeutet nach unserer Erfahrung beispielsweise: »Ich sollte künftig meinen Ärger stärker zum Ausdruck bringen.«

Wer mit diesem Buch arbeiten will, braucht keine Therapieausbildung. Not-wendig allerdings ist es, daß die Methoden (Phantasiereisen etc.) schon an sich selbst erlebt und möglichst auch Fortbildungsangebote genutzt wurden (Selbst-erfahrungsgruppe, Supervisionsgruppe oder auch therapeutische Fortbildungs-angebote, zum Beispiel im Rahmen von Gestalttherapie, -pädagogik oder Systemischer Therapie).

Am Ende des Buches sind zwei Weiterbildungseinrichtungen aufgeführt, die Fortbildungen anbieten, in denen die hier im Buch angewandten Methoden oder Denkweisen wiederzufinden sind.

Liebe Leser, vor Ihnen liegt ein Praxisbuch, das Sie als Handwerkszeug einsetzen können. Eine Besonderheit dieses Praxisbuches ist es, daß die Geschichten und Übungen systematisch nach wesentlichen innerpsychischen Kategorien (zum Beispiel Gefühlen) geordnet sind und nach solchen, die verschiedene Formen des Kontakts zu anderen Menschen beschreiben (zum Beispiel Nähe und Distanz). Eine Reihe von Imaginationsübungen ist spezifi-schen Krankheitsbildern und psychosomatischen Erscheinungsformen zugeord-net. Sie als Anwender können somit einen gezielten und schnellen Zugang zu dem Buch finden und es problembezogen einsetzen.

Wir haben, weil wir ein Praxisbuch entwickeln wollten, auf eine ausführliche Darlegung des theoretischen und methodischen Begründungszusammenhanges verzichtet. Doch soviel sei hier gesagt: Wir haben uns nicht an eine bestimmte pädagogische oder psychologische Theorie geklammert. Wir fühlen uns der humanistischen Psychologie und Pädagogik verpflichtet. Je nach Thematik kommen Gestalttherapie, Systemische Therapie, Entspannungstechniken u.a. zum Tragen.

Die hier vorgestellten Übungen sind für die Arbeit mit Kindern und Jugendlichen konzipiert und haben sich in der praktischen Arbeit bewährt. Sie können sie so für Ihre Arbeit übernehmen. Sie können sie aber auch für Ihre eigenen Zwecke abändern oder weiterentwickeln. Mit leichten Abänderungen können viele Übungen auch mit Erwachsenen durchgeführt werden.

Zum Schluß

Die Übungen sind das Ergebnis mehrjähriger Arbeit: Entwicklung, Erprobung und Überarbeitung der Übungen wechselten sich ab. Sicherlich ist die eine oder andere Idee, deren Ursprung nicht mehr bekannt ist, in die eine oder andere Geschichte eingeflossen.

Vier Phantasiereisen hat uns freundlicherweise Hennes Groddeck, Norberts Lehrer und Freund, zur Verfügung gestellt (sie sind als solche nach der jeweiligen Überschrift kenntlich gemacht). Hierfür und für die Bereitschaft, unserem Buch ein Vorwort mit auf den Weg zu geben, lieben Dank.

Dank auch an Rolf Donner, der das Manuskript gelesen und sprachliche Korrekturvorschläge eingebracht hat.

Unseren Übungsteilnehmerinnen und -teilnehmern gebührt ebenfalls Dank. Sie ließen uns durch Ihre Offenheit an wichtigen Themen ihres Lebens teilhaben und geben uns durch ihre Rückmeldungen immer wieder Anregungen zur Weiterentwicklung der Übungen.

Praktische Hinweise zur Arbeit mit dem Buch

Unsere Medien zur Selbsterfahrung mit Kindern und Jugendlichen lassen sich (für den Systematiker) in folgende Gattungen aufteilen:

Phantasie- und Imaginationsgeschichten: Vom Übungsleiter angeleitete Vorstellungsbilder, die den Übungsteilnehmern Raum lassen, sich Neues, Eigenes vorzustellen und zu entwickeln.

Übungen, die den Körper ins Zentrum der Aufmerksamkeit rücken: Bei manchen Übungen, bei denen Körperkontakt vorgesehen ist, müssen Sie entscheiden, ob die Kinder oder Jugendlichen dazu in der Lage sind und die Grenzen der anderen respektieren. Nicht immer muß auf eine Übung dann verzichtet werden. Oft reicht ein Hinweis darauf vor der Übung, manchmal können Sie Einschränkungen auferlegen oder die Übung abwandeln.

Entspannungsgeschichten und kind- bzw. jugendgemäßes Autogenes Training: nur im dritten Kapitel.

Vorlesegeschichten mit Anregungen zur Aufarbeitung: Dies sind strukturierte Geschichten, in denen alles vorgegeben ist.

All diese Medien sind geleitet von einer ganzheitlichen Sichtweise: Gefühle, Geist und Körper sind angesprochen und aufeinander bezogen.

Zu Beginn eines jeden Kapitels wird Ihnen, liebe Leser, in knapper Form eine Einführung gegeben.

Die Kapitel sind in thematische Unterpunkte gegliedert. Jeder dieser Unterpunkte enthält mindestens vier Übungen. Zu Beginn geben Symbole Hinweise zur adressatenbezogenen Anwendung (Alter, Einzel- oder Gruppenübung etc.). Unsere Altersangaben sind Erfahrungswerte. Die altersbezogene Einsetzbarkeit einer Übung ist abhängig von der Adressatengruppe, dem individuellen Entwicklungsstand der Übungsteilnehmer und bei Schülern der Schulform, in der die Übungen angewandt werden. Besonders jüngere Kinder, aber auch Jugendliche, denen Phantasieübungen bisher nicht vertraut sind, sollten langsam an sie herangeführt werden. Dabei kann es hilfreich sein, zu üben, die Augen zu schließen und sich kurz etwas vorzustellen. Danach kann besprochen werden, welche Schwierigkeiten es dabei gab.

Die Übungen sind mit didaktisch-methodischen Angaben versehen, geben Ziele und Vorbereitungshinweise an. Am Ende stehen Anregungen zur Weiterarbeit mit dem von den Kindern und Jugendlichen Erlebten. Die Imaginationsübungen und die Anregungen sind in der Regel so gestaltet, daß sie in den weiter oben erwähnten Schulfächern eingesetzt und bearbeitet werden können.

Im ersten Kapitel *Das eigene Ich* wird das Individuum zum Zentrum erklärt. Ein Bewußtsein für den Standort der Person kann erlebt werden. Die Zugangswege können differenziert, je nach Zielgruppe ausgesucht werden (Gefühle, Krisen, Fähigkeiten, Krankheiten u.a.).

Das zweite Kapitel hat als zentrales Thema *Begegnung und Kontakt mit anderen*. Fragen, die angesprochen werden, sind: Was passiert, wenn ich anderen Menschen begegne? Was macht mich zufrieden dabei? Was will ich verändern und wie?

Das dritte Kapitel *Autogenes Training und Geschichten zum Wohlfühlen* wendet sich getrennt an Kinder und Jugendliche mit (meditativen) Entspannungsgeschichten, Geschichten, die hilfreiche Selbstinstruktionen enthalten, und Übungen zum Autogenen Training. Dieses Kapitel gibt Ihnen darüber hinaus Hinweise zur Entwicklung eigener Geschichten, wobei besonders darauf zu achten ist, wie Selbstinstruktionen aussehen sollten und wie Übungsstunden zur Entspannung gestaltet werden können.

Wir haben die Phantasiereisen und Übungen im ersten und zweiten Kapitel zur leichteren Handhabung formal gleichmäßig gestaltet:

Ziele: Hier werden erreichbare Ziele vorgestellt.

Vorbereitung: Hinweise zum Sitzen oder Liegen, zum Material und auf Begriffe, die vorher altersbezogen zu erklären sind (zum Beispiel Energie, bestimmte Körperteile etc.).

Übung: Der Anleitungstext kann wörtlich vorgelesen werden und ist in etwas kleinerer Schrift gedruckt. Kurzhinweise zur formalen Gestaltung des Rahmens, in dem eine Übung durchgeführt wird, erscheinen hier gelegentlich in Klammern. Wir haben uns bemüht, die Anleitungen so genau wie möglich vorzugeben, so daß die Texte ohne Veränderung vorgetragen werden können. Trotzdem muß die Anrede in manchen Fällen geändert werden, wenn die Übungen für unterschiedliche Altersbereiche und Adressatengruppen bestimmt sind.

Nach der Übung: Hier sind Möglichkeiten angeboten, die während der Übung gemachten Erfahrungen aufzuarbeiten. Sie reichen vom Gespräch bis zum Einsatz verschiedenster kreativer Medien, die Sie natürlich ergänzen können. Häufig bietet es sich an, mehrere Vorschläge zu verbinden, zum Beispiel einer Malphase ein Gespräch folgen zu lassen. Kinder mit einer starken (normativen) Strukturiertheit sollten dabei mit fließenden Farben (zum Beispiel Wasserfarben) malen, Kinder mit wenig Grenzen, die mehr Struktur erfahren sollten, mit härteren Farben.

Wo es sinnvoll ist, werden die speziellen Bedingungen für die Arbeit in einer Schulklasse berücksichtigt. Manche Übungen setzen einen genügend großen Raum voraus.

Zu Ihrer leichteren Orientierung haben wir den Übungen folgende *Piktogramme* zugeordnet:

 Übung kann mit einem/r einzelnen Übungsteilnehmer/in (ÜT) durchgeführt werden

 Übung wird mit einem Partner oder einer Partnerin* durchgeführt

 Übung kann in einer Gruppe durchgeführt werden

 Gruppendynamische Übung

 Körperbezogene Übung

---

* Der Einfachheit halber wird im folgenden die maskuline Form (*der* ÜT, *der* Partner, *der* ÜL) für beide Geschlechter verwendet. Es bleibt dem/der Übungsleiter/in selbst überlassen, die Texte je nach Anzahl von Knaben oder Mädchen in der Gruppe zu variieren.

Die Übung kann frühestens ab (Altersangabe) durchgeführt werden

 Findet im Kapitel *Autogenes Training und Geschichten zum Wohlfühlen* Verwendung

Als Abkürzungen wurden gewählt:

ÜT = Übungsteilnehmer, ÜL = Übungsleiter.

… bedeuten, daß der ÜL eine Pause von 30 bis 60 Sekunden einlegen sollte.

/ = Zuweilen werden dem ÜL mehrere Wörter oder Ausdrücke zur Auswahl angeboten, die durch / voneinander abgetrennt sind.

Aus schreibtechnischen Gründen wurde bei Buchstabenweglassungen am Ende eines Wortes kein Apostroph gesetzt (stell' = stell).

So, und jetzt wünschen wir Ihnen viele neue und bereichernde Erfahrungen.

Das eigene Ich

Während in der Regel unsere Aufmerksamkeit nach außen auf die Umwelt bezogen ist, rückt das Kapitel *Das eigene Ich* das Individuum ins Zentrum.
Die ÜT sollen mit Hilfe von Phantasiereisen, körperorientierten Übungen und Vorlesegeschichten erfahren können, wer sie sind: dies bezogen auf Geist, Körper und besonders auf die Gefühle.
Ausgehend von dem derzeitigen Selbstbild mit den subjektiv wahrgenommenen Stärken und Einengungen sollen auch Perspektiven entwickelt werden. Es kommt also auch darauf an, Ziele und Wünsche im Blick auf Veränderungen herauszuarbeiten und Handlungsstrategien sichtbar zu machen: Was muß ich dazu tun? Wie sieht meine Lebenswelt aus, wenn sie so ist, wie ich es mir wünsche? Dazu muß erlernt werden auszuwählen, sich zu entscheiden, dazu zu stehen und die neuen Ziele auch den Personen im näheren sozialen Umfeld zu vermitteln.
Kinder und Jugendliche, die unter (chronischen) Krankheiten leiden (Asthma, Herzkrankheiten und Diabetes, um nur einige zu nennen), sollten zunächst auch lernen, ihre Krankheit zu akzeptieren, um von dieser Grundhaltung aus ihr Leben aktiver gestalten und verändern zu können, statt ihre Energien unbewußt mit der Ablehnung der Krankheit oder mit der Flucht in die Krankheit zu verbrauchen. Von dieser Basis aus kann dann eine Genesung möglich werden.

Bestandsaufnahme – Was ist los?

Mein Körperbild

Ziele

Der ÜT lernt die Teile seines Körpers kennen und seinen Körper als Ganzes wahrzunehmen. Dadurch, daß der ÜT den Körper erfährt und erspürt, wird seine Bedeutung und die der einzelnen Körperteile erlebbar gemacht. Dabei soll das Gefühl entstehen: »Mein Körper ist wichtig für mich, ich achte auf ihn.«

Vorbereitung

Erklärt werden muß unter Umständen das Wort »Becken«. Benötigt werden große Bögen Packpapier oder eine große Papierrolle und viel Platz.
Die Kinder suchen sich einen Partner. Einer der beiden legt sich auf ein körpergroßes Stück Papier. Der Partner malt dann mit einem dicken Filzstift die Körperumrisse des auf dem Papier liegenden Kindes ab. Danach legt sich der, der gerade gezeichnet hat, hin und läßt nun seinen Körper mit einem Stift umfahren. Bitte beachten: Die Füße liegen eine Fußlänge auseinander, die Arme seitlich neben dem Oberkörper.
Dann legt sich jeder auf sein Papier. Wenn der Raum nicht ausreicht, um all die Papiere auszulegen, werden sie mit Namen beschriftet, zusammengerollt und jeder legt sich auf eine weiche Unterlage (Decke, Matratze etc.).

Übung

Schließe deine Augen. Stell dir vor, daß dein Körper mit seinem ganzen Gewicht auf dem Boden liegt. Atme gleichmäßig ein und aus. Dein Atem fließt beim Einatmen durch die Fußsohlen in deine Füße hinein und an einer anderen Stelle des Körpers wieder hinaus.

Konzentriere dich jetzt nur auf deine Füße *(Zeit lassen)*:

Stell dir vor, du könntest die Füße farbig machen. Welche Farbe würdest du für sie auswählen? …

Welche Bedeutung haben deine Füße für dich? …

Was fällt dir zu deinen Füßen ein *(unter Umständen einige Beispiele geben: ich gehe, ich springe, ich bin angewurzelt)*? …

Laß deinen Atem nun in deine Beine weiterfließen und am Ende der Oberschenkel wieder hinaus. Konzentriere dich jetzt nur auf deine Beine *(dieselben Anweisungen wie weiter oben für die Füße)*.

Laß deinen Atem jetzt weiter in dein Becken hineinfließen und wieder hinaus. Konzentriere dich auf dein Becken *(Anweisungen wie oben)*.

Verabschiede dich jetzt von deinem Becken und stell dir vor, daß dein Atem, der von unten durch deine Füße, deine Beine und dein Becken fließt, nun in deinen Oberkörper strömt und wieder hinaus. Konzentriere dich auf deinen Oberkörper *(Anweisungen wie oben; dieses Vorgehen wird für die Arme und zuletzt für den Kopf wiederholt)*.

Laß jetzt zum Schluß deinen Atem durch deinen ganzen Körper fließen, atme dabei langsam und gleichmäßig.

Bereite dich innerlich darauf vor, daß du gleich wieder die Augen öffnest …

Öffne nun deine Augen, strecke dich, atme tief ein und mit einem lauten Ton aus.

Nach der Übung

Die Kinder werden aufgefordert, das, was sie mit ihren Körperteilen erlebt haben, in ihr Körperbild einzutragen, das heißt die Farbe, die Bedeutung, die Dinge, die ihnen eingefallen sind. Am besten eignen sich Wachsmaler und Pastellkreide. Danach werden die Bilder aufgehängt. Jedes Kind stellt sein Bild vor.

Im Anschluß daran kann, wenn das soziale Gefüge der Gruppe dies zuläßt, eine Phase folgen, in der die anderen Kinder Assoziationen zu dem gerade vorgestellten Körperbild äußern können (zum Beispiel: »In deinem Bauch ist aber viel los«).

Fragen, die gestellt werden können:
Wo fühlst du dich in deinem Körper am wohlsten?
Wo fühlst du Spannungen?
Wo an deinem Körper möchtest du anders aussehen?
Was kannst du selbst dazu tun (nicht bei Körperbehinderungen)?

Die Tür in der Tiefe

Ziele

Durch diese Phantasiereise kann der ÜT an die Inhalte und Themen heran-
kommen, die ihn schon länger beschäftigen, aber nicht direkt greifbar in ihm
arbeiten. Er kann sie sehen, kann sie sich bewußtmachen.

Übung

(Die ÜT sitzen oder liegen bequem.)
Stell dir vor, du gehst spazieren. Du kommst an einen Wald und gehst hinein. Stell
dir den Weg vor, auf dem du gehst ... Unter deinen Füßen spürst du den weichen
Waldboden mit seinen Blättern. Du schaust den Weg entlang und siehst eine Lichtung
mitten im Wald ... Die Sonne scheint, und das Gras duftet. Langsam gehst du in die
Mitte der Lichtung. Ein kleiner Hügel ist da, nicht höher als deine Knie sind. Du gehst
um ihn herum und siehst einen dicken Eisenring.
Deine rechte Hand faßt ihn an und zieht an ihm. Plötzlich bewegt sich der Hügel, er
schiebt sich langsam zur Seite und eine Treppe kommt zum Vorschein. Aufregung
und Neugierde steigen in dir hoch. Du entschließt dich, die Treppe hinunterzugehen.
Es ist eine Wendeltreppe. Ein leicht muffeliger und feuchter Geruch schlägt dir entgegen.
An den Wänden hängen Fackeln, die Licht spenden. Du gehst tiefer und tiefer ...
Nach einiger Zeit stehst du vor einer alten, stabilen Holztür. Links und rechts sind
Fackeln angebracht. Du bist etwas aufgeregt, aber du willst unbedingt wissen, was
sich hinter der Tür verbirgt.
Langsam drückst du die Klinke herunter, öffnest vorsichtig die Tür. Zuerst streckst
du den Kopf hinein und gehst dann ganz hindurch.

Stell dir jetzt vor, was hinter der Tür ist …

Was siehst du? Was gibt es alles? Laß dir einige Minuten Zeit dazu. Ich sage dann, wenn die Zeit vorüber ist *(ca. drei Minuten).*

Verabschiede dich jetzt langsam von dem, was du gesehen hast. Schließe die Tür hinter dir. Du gehst jetzt langsam die Treppe wieder hoch … Du siehst die bekannten Fackeln an den Wänden, nimmst den Geruch wieder wahr … Bald gelangst du zum Eingang. Du ziehst an dem Eisenring. Der kleine Hügel bewegt sich wieder und verdeckt die Treppe.

Du schaust dich um und erkennst den Waldweg, auf dem du hergekommen bist. Langsam entfernst du dich von dem Hügel und gehst über die Lichtung auf den Weg zu. Du schaust noch einmal zurück zu dem Hügel.

Jetzt laß dir Zeit, den Waldweg langsam zurückzugehen. Stell dir die Blätter unter deinen Füßen vor und rieche den Waldgeruch. Bald bist du außerhalb des Waldes an der Stelle, an der du deinen Spaziergang begonnen hast.

Stell dich darauf ein, daß du gleich wieder in die Wirklichkeit zurückkehren wirst. Räkele dich, strecke die Arme und Beine aus, öffne dann langsam deine Augen.

Nach der Übung

Die Kinder erzählen, was sie in ihrer Vorstellung erlebt haben.

Sie schreiben das Erlebte auf und lesen es vor, bzw. der ÜL liest es sich durch.

Malen eines Bildes mit Wachsmalern oder Pastellkreiden. Die Bilder werden gezeigt oder aufgehängt.

Wichtig: Unabhängig davon, welche der drei Alternativen gewählt wird, ist es sinnvoll, zu besprechen, inwieweit das Erlebte mit der derzeitigen Befindlichkeit des Kindes in Verbindung steht.

Das bin ich auch

Ziele

Andere Verhaltensweisen von sich sehen und zulassen können.

Übung

(Die Übungsteilnehmer sitzen auf einem Stuhl oder liegen entspannt.)

Schließe deine Augen und lege deine Arme auf deine Oberschenkel. Setz dich so, daß du einige Zeit bequem so sitzen kannst.

Laß deinen Atem durch deinen Körper fließen …

Wähle jetzt ganz spontan einige Eigenschaftswörter* aus, die dich, deine Person, deine typischen Verhaltensweisen am besten ausdrücken … Wähle zwei oder drei, höchstens vier Wörter aus *(unter Umständen einige Beispiele angeben: brav, lustig, zuverlässig, ärgerlich)* …

Suche jetzt ebenfalls recht spontan die Eigenschaftswörter aus, die jeweils das Gegenteil ausdrücken. Stelle also jedem Eigenschaftswort von vorhin eins gegenüber, das dessen Gegenteil ausdrückt …

Stell dir nun vor, wie du leben würdest, wenn du so wärst wie diese gegenteiligen Verhaltensweisen …

Was würdest du tun? …

Was würdest du sagen? …

Mit wem würdest du zusammensein? …

---

* Die Idee mit den Eigenschaftswörtern ist dem Buch *Die Kunst der Wahrnehmung* von J.O. Stevens entnommen.

Mit wem würdest du nicht zusammensein? …
Wie würden sich die anderen dir gegenüber verhalten? …

Stell dir jetzt wieder die ersten Eigenschaftswörter vor, so wie du dich am besten
kennst …
Bist du zufrieden, so wie du bist? …
Oder möchtest du künftig auch eine oder mehrere der gegenteiligen Verhaltensweisen
leben? Welche? …
Was wäre das Angenehme daran? …
Was wäre unangenehmer als jetzt? …

Und nun bereite dich vor, aus der Phantasiereise wieder zurückzukehren. Strecke deine
Beine und Arme aus, öffne die Augen.

Nach der Übung

Jeder schreibt in zwei unterschiedlichen Farben auf ein großes Blatt mit zwei
getrennten Spalten die Verhaltensweisen/Eigenschaftswörter, die jeder am
besten von sich kennt/am meisten lebt, und dann deren Gegenteile.
Die Verhaltensweisen, die neu gelebt werden möchten, werden eingekreist.

Gespräch darüber, wie die neuen Verhaltensweisen beispielsweise den Eltern,
Lehrern, Freunden gegenüber aussehen und wie sich diese dann wahrscheinlich
den ÜT gegenüber verhalten werden.

Die Phantasiegeschichte eignet sich gut für den Deutschunterricht der Klassen
4–8.

Die Hauptrolle

Ziele

Es sollen Wünsche und Bedürfnisse bewußt werden.

Übung

(Die ÜT sitzen auf Stühlen.)

Setz dich bequem und aufrecht auf deinen Stuhl. Verändere deine Sitzhaltung so, daß du frei atmen kannst. Stelle fest, ob dein Oberkörper aufgerichtet ist. Schließe deine Augen …

Stell dir nun vor, du verläßt das Haus, in dem du wohnst. Du hast Lust, ins Kino zu gehen und begibst dich auf den Weg dorthin … Du gehst die Straßen entlang, die dir ja bekannt sind. Und bald siehst du schon das Kino. Vor dem Kino angekommen, schaust du dir die anderen Kinobesucher an …

Du begibst dich in den Vorraum des Kinos und kaufst dir dort eine Karte. Dann gehst du in das Kino hinein und setzt dich auf einen Sitzplatz … Langsam gehen die Lichter aus, und der Vorhang öffnet sich.

Auf der Leinwand steht zu lesen: »Wir haben eine Programmänderung vorgenommen«. Die Schrift verschwindet langsam … Du siehst eine Person in der Ferne, ganz verschwommen noch und klein. Sie wird langsam größer und deutlicher … Und jetzt siehst du, daß die Person du selbst bist. Du spielst die Hauptrolle in diesem Film …

Schau dir den Film an:

Was tust du? …

Welche anderen Personen spielen noch mit? ...

Was passiert? *(Ca. drei Minuten Zeit geben.)*

Der Film neigt sich nun langsam dem Ende zu. Am Schluß erscheint ganz groß der Titel des Filmes. Wie hieß dein Film, in dem du die Hauptrolle gespielt hast? ...

Langsam schließt sich der Vorhang ... Du stehst auf und gehst aus dem Kino ... Du hängst deinen Gedanken nach und befindest dich wieder auf dem Weg nach Hause ... Du gehst die Straßen zurück, die du gekommen bist ... Bald stehst du vor dem Haus, in dem du wohnst.

Du gehst hinein und befindest dich wieder dort, wo deine Phantasiereise begonnen hat.

Nach der Übung

Filmtitel nennen und bildlich darstellen lassen auf einem großen Blatt. Die Filmtitel werden im Raum aufgehängt (Grundschule). Und/Oder:

Filmtitel nennen und die Handlung kurz erzählen lassen (Grundschule). Und/Oder:

Aufschreiben der Handlung in Ich-Perspektive (Kinder ab 9 Jahre/4. Klasse). Einige Übungsteilnehmer lesen vor.

Spielen lassen von wichtigen Szenen unter Einbezug der anderen Übungsteilnehmer (Sekundarstufe I u. II/Deutschunterricht/Videoaufzeichnung).

Geheimnis im Verborgenen

Ziel

Durch die Übung soll herausgearbeitet werden, was gerade im Mittelpunkt des Erlebens des ÜT steht.

Übung

(Die ÜT setzen sich bequem hin und schließen die Augen.)
Stell dir vor, es ist ein schöner Sommernachmittag und du gehst im Wald spazieren. Die Sonne scheint angenehm warm auf dich und die Blätter rascheln unter deinen Füßen. Ab und zu knackt ein Ast, wenn du auf ihn trittst. In einem großen und innen hohlen Baum entdeckst du einen schmalen Spalt, der gerade so breit ist, daß du dich hineinquetschen könntest. Du leuchtest mit deiner Taschenlampe hinein und siehst,

36

daß es der Eingang einer großen Höhle ist. Voller Neugierde, was sich wohl für ein Geheimnis in der Höhle befindet, quetschst du dich durch den Eingang. Zu deiner Verwunderung hast du viel Platz.

Mit Hilfe der Taschenlampe siehst du einen Innenraum, der weiter hinten in einen schmalen Gang mündet. Nach ein paar Schritten bemerkst du rechts eine stabile feste Treppe, die in die Tiefe führt. Gespannt gehst du die alte Treppe hinab und läßt dich auch von dem zunehmend modrigen Geruch nicht davon abbringen. Die Stufen enden in einem großen Raum, den glitzernde Kristalle an den Wänden bläulich erleuchten. In dem Raum steht ein Tisch mit einer verstaubten Kiste. Du gehst hin und wischst den Staub ab. Dann öffnest du sie vorsichtig und siehst einen Zettel, auf dem geschrieben steht: »Nimm das andere Blatt aus dem Kästchen, und du wirst darauf eine wichtige Botschaft finden.« Mit zitternden Händen und ganz gespannt greifst du nach dem Papier, faltest es auf – aber da steht nichts drauf, weder vorne noch hinten. Enttäuscht willst du das Papier wieder weglegen, aber plötzlich hast du eine Idee: Früher schrieb man doch mit Geheimtinte, die nur lesbar wurde, wenn man sie übers Feuer hielt. Das willst du jetzt gleich ausprobieren.

Du holst Streichhölzer aus deiner Tasche, und während du das Blatt über die Flamme hältst, wird ein Satz, der nur für dich bestimmt ist, immer deutlicher und deutlicher … Jetzt kannst du ihn ganz klar lesen. Du liest ihn mehrmals, packst den Zettel dann in deine Tasche und begibst dich auf den Rückweg, die Treppe nach oben und dann durch den großen Höhlenraum hinaus ins Freie. Dort holst du tief Luft und setzt deinen Spaziergang nachdenklich fort.

(Holen Sie jetzt die ÜT wieder aus der Vorstellungsübung zurück.)

Nach der Übung

Den Satz aufschreiben lassen.

Besprechen, welche Bedeutung dieser Satz für das Leben des Kindes/Jugendlichen haben könnte.

Der Satz kann als Aufsatzthema im Deutsch- und Fremdsprachenunterricht bearbeitet werden.

Gefühle

Wie fühle ich mich?

Ziele

Der ÜT soll erfahren, daß er sein Gefühlsempfinden beeinflussen kann. Es sollen bereits bekannte, aber auch neue Handlungsmöglichkeiten entdeckt werden.

Übung

(Papier und Wasserfarben vorbereiten.)
Dem im Moment vorherrschenden oder im Gespräch erarbeiteten Gefühl (Ärger, Angst, Heimweh usw.) wird durch Malen eine Gestalt gegeben. Die Gestalt kann ein Gegenstand, ein Symbol oder ähnliches sein.

Nach der Übung

Die gemalte Gestalt bzw. das Symbol werden vom ÜT beschrieben, und zwar in der Form, daß der persönliche »Ich-Bezug« deutlich wird. Das heißt, der ÜT identifiziert sich mit dem Gemalten und erzählt in der Ich-Form.
Weiterhin können bereits ausprobierte sowie neue Handlungsideen zur Beeinflussung des jeweiligen Gefühls besprochen werden, zum Beispiel im Umgang mit Ärger.

Ich kenne meine Gefühle

Ziele

Es soll das Vertrauen in die Fähigkeit, eigene Gefühle wahrzunehmen und in angenehme und unangenehme zu differenzieren, gefördert und gestärkt werden. Dies beinhaltet auch, daß der ÜT lernt, Gefühle anzunehmen, die von seiner sozialen Umwelt unter Umständen nicht erwünscht sind. Ein Beispiel: Wenn in einer Familie der Grundsatz gilt, immer in Harmonie leben zu müssen, keine Aggressionen zu zeigen, ist es wichtig, daß der ÜT lernt, auch Ärger spüren und zeigen zu dürfen.

Übung

(Es werden ein großes Plakat und Stifte benötigt.)
Die ÜT sammeln alle Gefühle, die sie schon einmal gespürt haben. Diese unterschiedlichen Gefühle werden auf dem Plakat aufgelistet.

Nach der Übung

Die einzelnen Gefühle werden nach angenehmen und unangenehmen unterschieden. Gibt es hierbei eventuell keine eindeutigen Zuordnungen?
Die einzelnen Gefühle können pantomimisch dargestellt werden. Wenn man diese Übung mit einem ÜT alleine durchführt, ist es zur Überwindung der Hemmschwelle leichter, wenn der ÜL anfangs mitmacht.

Die ÜT berichten von Situationen, in denen sie die einzelnen Gefühle erlebt haben.

Der Thematik »Gefühle« sollte im Unterricht verschiedener Fächer stärkere Aufmerksamkeit geschenkt werden. Ab Sekundarstufe I kann das Thema auch schriftlich in unterschiedlichen Gattungen bearbeitet werden. Im Kunstunterricht kann dies in Form einer Foto- bzw. Zeitschriftencollage geschehen.

Abschied (eine Vorlesegeschichte)

Ziele

Die Geschichte soll die Auseinandersetzung mit Trauer bei Trennungen (Scheidung der Eltern, Todesfälle, Freundschaften, die auseinanderbrechen usw.) anregen. Soweit es im Einzelfall möglich ist, können auch (positive) Entwicklungsmöglichkeiten, wie beispielsweise Stärken bei der Bewältigung des schmerzlichen Ereignisses, aufgezeigt werden.

Geschichte

(Die ÜT setzen sich zum Zuhören bequem hin.)
Lena und Anna lernten sich in den Ferien kennen. Die Eltern beider Mädchen verbrachten mit ihren Wohnwagen einen Teil der Sommerferien in Spanien auf einem Campingplatz. Die Urlaubsvorbereitungen waren recht aufregend gewesen: Die Wohn-

wagen wurden mit Lebensmittelvorräten vollgepackt. Jeder überlegte sorgsam, welche Kleidung, Spielsachen und Spiele mitgenommen wurden. Anna erinnerte sich an manchen Streit mit den Eltern darüber. Lena fand es schrecklich, als »Frechdachs«, ihr Hund, zu Oma und Opa gegeben wurde, weil die Eltern ihn nicht mitnehmen wollten. Der Abschied fiel ihr sehr schwer. Aber die Eltern waren nicht zu einer anderen Entscheidung zu überreden. Mißmutig fuhr Lena mit den Eltern in die Ferien und war fest davon überzeugt, keinen Spaß zu haben.

Gleich nach der Ankunft auf dem Campingplatz schaute sich Lena auf dem Gelände um und entdeckte einen Spielplatz und ein Schwimmbecken, die ihr beide gut gefielen. Abends traf auf dem Stellplatz nebenan noch ein Wohnwagen ein. Lena war neugierig, wer da noch so spät ankommt. Es stiegen ein Mädchen in ihrem Alter und deren Eltern aus. Das Mädchen war Anna. Lenas und Annas Eltern kamen schnell ins Gespräch. Die beiden Mädchen betrachteten sich gespannt und fingen an, sich etwas über die Schule und ihre Erlebnisse dort zu erzählen. Am nächsten Tag führte Lena ihre neue Freundin auf den Spielplatz und von da an waren die beiden unzertrennlich. Sie spielten zusammen, heckten gemeinsam Streiche aus und vertrauten sich nach und nach einige Geheimnisse an.

Es gab auch einmal Streit, als Anna anfing, auf dem Spielplatz mit einem anderen Mädchen zu spielen, woraufhin Lena sich beleidigt zurückzog. Abends beachtete sie Anna nicht und wollte nichts mehr mit ihr zu tun haben. Sie fühlte sich ausgeschlossen. Doch als Anna am nächsten Tag ein Versöhnungsangebot machte, ging Lena gerne darauf ein und der Streit war vergessen.

Gegen Ende des Urlaubs fingen Lenas Eltern an darüber zu sprechen, daß sie bald nach Hause fahren. Lena war traurig und konnte sich eine Trennung von Anna nicht vorstellen. Gleichzeitig freute sie sich aber darauf, ihren Hund »Frechdachs« wiederzusehen. Sie war hin- und hergerissen und weinte heimlich im Bett. Als der Abfahrtstag da war und Anna, die noch etwas länger blieb, sich verabschiedete, waren beide traurig und kämpften mit den Tränen. Die Eltern trösteten beide und Lena und Anna tauschten noch ihre Adressen aus. Dann fuhr Lena mit den Eltern nach Hause. Dort erzählte sie »Frechdachs« von den schönen Ferien und war glücklich, als bald ein Brief von Anna zusammen mit einigen Fotos aus dem Urlaub ankam.

Nach der Übung

Gespräch über folgende Fragen:
Wo wurde schon ein Abschied/eine Trennung erlebt?
Bleibt eine Trennung auf Dauer schmerzhaft?
Welche Hilfen gibt es bei der Bewältigung?
Bieten bewältigte Krisen auch Energien für Neues?
Gibt es in einer Freundschaft nur schöne Zeiten?

Diese Vorlesegeschichte bietet sich im Deutschunterricht als Vorbereitung auf eine Lektüre mit entsprechender Thematik an.

Meine innere Mitte erleben und nutzen

Ziele

Die zur Zeit im Vordergrund stehenden Gefühle wahrnehmen. Zutrauen entwickeln, daß jeder seine Gefühle selbst steuern kann.

Übung

Lege dich bequem auf den Boden und schließe deine Augen …
Laß dich in deine Unterlage einsinken … Laß deinen Atem ein- und ausströmen …
Nimm deine Füße wahr … und deine Beine … Konzentriere dich auf dein Becken …
Richte jetzt deine Aufmerksamkeit auf deinen Oberkörper …
Und spüre nun deinen Hals und deinen Kopf …

Nimm nun einmal an, daß jeder Mensch eine innere Mitte in sich trägt … und auch du eine innere Mitte in deinem Körper hast.

Wo liegt sie *(unter Umständen einige Körperbereiche und -teile aufzählen)*? …

Welche Form hat deine innere Mitte? … Und welche Größe? …

Aus welchem Material besteht sie? …

Welche Farbe hat sie? …

Liegt sie eher am Rande deines Körpers oder eher in deiner Körpermitte? …

Geh jetzt in deiner Vorstellung in deine Mitte hinein … Schau, wie sie im Inneren aussieht … Welche Atmosphäre, welche Stimmung herrscht in deiner Mitte? …

Welche Gefühle nimmst du gerade wahr? *(Zwei Minuten Zeit lassen.)*

Stell dir vor, daß deine innere Mitte deine Gefühle beeinflußt und dir Energie gibt oder wegnimmt … Du selbst kannst deine innere Mitte steuern, kannst ihr sagen, welche Gefühle du fühlen möchtest …

Mach einmal einen Versuch …

(Manchmal ist folgendes Beispiel hilfreich: Stell dir vor, daß aus deiner inneren Mitte Freude fließt, die sich in deinem ganzen Körper verbreitet … Du kannst dem Gefühl der Freude auch noch eine Farbe geben. *Zwei Minuten Zeit lassen.)*

Verabschiede dich jetzt von deiner inneren Mitte … Spür deinen Atem und deinen Körper als Ganzes …

Spanne alle deine Muskeln in deinem Körper ganz fest an *(drei Sekunden)* und lasse jetzt wieder los … Öffne deine Augen und kehre hier in den Raum zurück.

Nach der Übung

Mit Buntstiften die innere Mitte malen lassen. Jeder zeigt sein Bild.

Folgende Aspekte werden angesprochen:

Beschreiben der inneren Mitte.

Ist es dir gelungen, mit Hilfe deiner inneren Mitte Freude oder ein anderes bestimmtes Gefühl zu empfinden? Oder was hat dich daran gehindert?

Bist du mit deinen Gefühlen im Moment zufrieden?

Wenn nein, wie kannst du sie verändern?

Möchtest du deine innere Mitte verändern?

Wenn ja, wie kannst du das machen und welche Gefühle helfen dir dabei?

Wie sieht deine neue innere Mitte aus?

Die anderen ÜT lassen das jeweilige Bild auf sich wirken und können sich dazu äußern.

Meine Fähigkeiten und Stärken

Der Planet mit den vier Toren

Ziele

Die Kinder entdecken ihre Fähigkeiten und Stärken. Es können aber auch Wunschträume sichtbar werden, die im Alltag meist ungelebt bleiben.

Übung

(Die ÜT sitzen/liegen bequem.)

Ich möchte dich jetzt zu einer Reise ganz besonderer Art einladen, zu einer Phantasiereise. Entspanne dich. Atme ruhig. Nimm wahr, wie du sitzt/liegst …

Stell dir nun vor, daß du Ferien hast. Es ist morgens, und du gehst hinaus ins Freie. Du entscheidest dich, zu einem Platz zu gehen, an dem du schon oft gespielt hast. Du machst dich auf den Weg dorthin …

Als du ankommst, siehst du, daß der Ort, den du so gut kennst, leer ist. Niemand ist da außer dir.

Plötzlich hörst du ein Zischen und riechst Rauch. »Was ist das?« denkst du und drehst dich um: Da steht eine Rakete, eine richtige Rakete, so hoch wie ein Haus. Du gehst um sie herum und siehst, daß die Tür offen steht. Ohne Angst steigst du ein. Die Tür schließt sich automatisch hinter dir. Du setzt dich ins Cockpit.

Neben einem roten Hebel ist ein kleines Schild angebracht, auf dem steht »Aufwärts« und »Abwärts«. Du bewegst den Hebel vorsichtig in Richtung »Aufwärts«.

45

Da beginnt die Rakete sich zu bewegen und ganz, ganz langsam zu fliegen. Du kannst durch das Fenster sehen, wie die Häuser kleiner werden, und bald ist die Erde nur noch so groß wie ein blauer Fußball …

So fliegst du eine Weile durch das Weltall und bist begeistert. Du hast keine Angst. Du weißt, daß du jeder Zeit den Hebel auf »Abwärts« schalten kannst.

In diesem Moment siehst du draußen einen Planeten. Du schaltest auf »Abwärts«. Die Rakete wird langsamer, sie bewegt sich langsam nach unten. Sie beginnt zu landen. Die Tür öffnet sich von selbst und du steigst aus. Du schaust dich um auf diesem fernen Planeten …

In einiger Entfernung bemerkst du vier große Tore. Langsam gehst du auf das erste zu. Du entdeckst an dem Tor ein Schild, auf dem geschrieben steht: »Wenn du durch mich hindurchgehst, bist du für zwei Minuten ein Tier.«

Auch jetzt hast du keine Angst. Im Gegenteil, du bist eher neugierig. Du entschließt dich, durch das Tor hindurchzugehen. Du gehst also hindurch und verwandelst dich in ein Tier.

Nun stell dir vor, was du für ein Tier bist und was du tust. Stell es dir eine Zeitlang vor *(zwei Minuten)*.

Nun gehst du wieder langsam durch das Tor zurück und bist wieder du selbst. Du hast dich zurückverwandelt.

Langsam und gespannt gehst du auf das zweite Tor zu, auf dem zu lesen ist: »Wenn du durch mich hindurchgehst, verwandelst du dich in einen Gegenstand.«

Und auch diesmal gehst du hindurch und verwandelst dich.

Was bist du für ein Gegenstand? …

Welche Farbe hast du? …

Welche Form? …

Aus welchem Material bestehst du? *(Zwei Minuten)*

Nach zwei Minuten gehst du wieder zurück und bist wieder du selbst …

Schon siehst du das dritte Tor mit seinem Schild: »Ich verwandele dich in einen anderen Menschen.«

Du gehst hindurch und bist ein anderer Mensch, einer, der du schon immer mal sein wolltest.

Wie siehst du aus? …

Was hast du an? Und was tust du? *(Zwei Minuten)*

Du verwandelst dich wieder zurück und gehst auf das vierte Tor zu: »Ich erfülle dir einen Wunsch« steht auf dem Schild.

Das ist die Chance, auf die du schon immer gewartet hast. Du gehst hindurch, und ein Wunsch geht in Erfüllung.

Was ist das für ein Wunsch? Stell dir vor, was passiert *(zwei Minuten)*.

Jetzt bist du wieder du selbst …

Du gehst zurück zur Rakete, steigst durch die offene Tür ein und setzt dich wieder ins Cockpit. Du bewegst den Hebel in Richtung »Aufwärts«. Die Rakete hebt ab und fliegt langsam wieder zurück. Manchmal glaubst du einen Stern wiederzuerkennen, den du auf der Hinreise auch schon gesehen hast …

Bald siehst du die blaue Erde und wenig später die Häuser deines Heimatortes …

Du schaltest auf »Abwärts«. Die Rakete beginnt zu landen. Vorsichtig und behutsam setzt sie auf. Du steigst aus. Die Tür schließt sich automatisch. Du entfernst dich voller Freude von der Rakete.

Noch einmal drehst du dich um und bemerkst, daß die Rakete verschwunden ist.

Laß dir noch einen Moment Zeit, dich von dieser Reise zu verabschieden …

Recke und strecke dich jetzt. Atme tief ein, gähne, wenn du magst.

Öffne jetzt wieder deine Augen und kehre von dieser Reise hierher zurück.

Nach der Übung

Bei Kindern zwischen 8 und 10 Jahren ist es hilfreich, die Ergebnisse der Verwandlungen aufmalen zu lassen. Dadurch erhalten die Kinder die Möglichkeit, ihre Phantasieerlebnisse zu konkretisieren, ihnen Konturen zu verleihen. Danach sollte sich aber auf jeden Fall eine Gesprächsrunde anschließen. Bei älteren Kindern kann man sofort mit dem Gespräch beginnen.

Vorgestellt werden sollten dabei die Ergebnisse der Verwandlungen, deren Vorzüge und Eigenschaften.

Eine besondere Bedeutung hat die Fragestellung, wie man denn diese Verwandlungen in sein Leben integrieren könnte (zum Beispiel: »Wie müßtest du dich verhalten, um hier bei uns manchmal ein Tiger zu sein?«).

Im Kunstunterricht bietet sich an, ein Verwandlungsobjekt als das wichtigste auszuwählen und plastisch zu gestalten, zum Beispiel aus Ton oder Gasbeton.

So stehe ich in der Welt
von Hennes Groddeck

Ziele

Die einzelnen Teile des Körpers spüren, Verspannungen wahrnehmen. Ein Gefühl für die Ganzheit des eigenen Körpers bekommen und sich mit Lebensenergie aufladen. Kontakt zum Boden/Standfestigkeit herstellen (Grounding).

Übung

Such dir einen Platz im Raum und stell dich dorthin … Du solltest soviel Platz haben, daß du deine Arme ausstrecken kannst … Schließ deine Augen.
Deine Schultern und Arme hängen herunter. Entspanne sie. Laß auch deinen Bauch hängen. Nimm deinen Atem wahr … Laß ihn kommen und gehen …

Stell dir vor, du stehst über einer sprudelnden Quelle …
Stell dir nun vor, daß dir diese Quelle Lebensenergie und Kraft abgeben kann: Laß diese Energie langsam in deinen Körper fließen bis in deine Arme hinein … Sie fließt hoch durch deine Füße in deine Beine … Manchmal hilft die Vorstellung, deine Beine seien innen hohl … Laß die Energie hochfließen; bewege deine Beine etwas und probiere aus, wie du richtig stehst …
Jetzt laß diese Lebensenergie langsam in dein Becken strömen … Stell dir vor, dein Becken ist eine offene Schale und die Energie ist eine Flüssigkeit … Bewege sie ganz

wenig nach vorne und nach hinten und auch ein klein wenig nach links und rechts …
bis du das Gefühl hast, so sitzt sie richtig und so kann nichts überlaufen …

Nun laß die Energie weiter in deinen Oberkörper fließen … Dein Atem unterstützt
dich dabei; er saugt die Lebenskraft von unten hoch … Beuge deinen Oberkörper nun
etwas nach vorne und hinten, bis auch er richtig sitzt … Tue dies alles ganz langsam
… Es geht um wenige Zentimeter oder Millimeter …

Nun hole dir die Energie in deinen Kopf hinein … Bewege auch ihn langsam und nur
ein wenig nach vorne und hinten … Drehe ihn langsam im Kreis, bis du das Gefühl
hast, so sitzt er richtig …

Laß jetzt in deiner Vorstellung die Lebensenergie, die dir die Quelle spendet, langsam
durch dich hindurch fließen, durch deinen ganzen Körper von unten nach oben …
Alle Verspannungen spülst du hinaus …

Die Kraft der Quelle fließt in deine Füße … deine Beine … in dein Becken … weiter
durch deinen Oberkörper und durch deinen Hals … schließlich in deinen Kopf hinein
und wieder hinaus … Achte dabei auf deinen Atem, der langsam und gleichmäßig ist.
Mit deinem Atem zusammen fließt die Energie *(zwei Minuten Zeit)*.

Mach dich nun innerlich bereit, gleich die Augen zu öffnen und mit deiner Wahrnehmung wieder nach außen zu gehen … Öffne jetzt langsam deine Augen und schau
dich um … Nimm Blickkontakt auf zu den anderen im Raum …

Geh nun langsam im Raum umher und probiere aus, wie du jetzt gehst und dich
fühlst …

Nach der Übung

Der Körper kann auf ein Blatt gemalt werden. Er wird mit zwei unterschiedlichen Farben ausgemalt. Eine Farbe dient für besonders gut fließende Energie,
die andere für eher dünn fließende Energie (Verspannungen). Und/Oder:
Die ÜT malen die Energiequellen, die sich in Zukunft jeder individuell
vorstellen kann, auf. Und/Oder:

Gespräch über folgende Fragen:

Wie fühlst du deinen Körper jetzt?

Wie hast du den Energiefluß empfunden?

Wie sah deine Quelle unter dir aus?

Welches Bedürfnis hast du im Moment?

Welches Gefühl steht im Vordergrund?

Die Insel der Kinder

Ziele

Die positiven Persönlichkeitseigenschaften bzw. Verhaltensweisen erkennen.

Übung

(Am besten im Liegen, aber auch auf einem Stuhl sitzend möglich.)

Leg dich mit dem Rücken bequem auf deine Unterlage und schließe deine Augen …

Laß deinen Atem strömen …

Stell dir vor, du hast in einem Preisausschreiben den Hauptpreis gewonnen: Eine Reise auf die Insel der Kinder … Nun stell dir vor, wie du von zu Hause aus dorthin reist. Mit dem Flugzeug oder dem Zug oder mit dem Auto …

Und dann liegst Du am Strand dieser fernen, wunderschönen Insel … Über dir ist der klare, blaue Himmel … Du befindest dich auf der Insel der Kinder.

Um die Mittagszeit herum ist eine Versammlung auf dem Dorfplatz geplant. Dort werden sich nur Kinder und Jugendliche treffen, keine Erwachsenen. Du bist auf diese Versammlung gespannt. Langsam rückt die Mittagszeit näher …

Und dann ist es soweit. Zwölf Uhr. Du gehst zu dem Dorfplatz und setzt dich zu den anderen Kindern und Jugendlichen in einen Kreis. Alle Neuangekommenen sind da. Schau dich um in dem Kreis …

Jetzt steht ein Junge auf und stellt sich vor als einer, der schon länger da ist. Er sagt: »Jeder, der neu angekommen ist, erfüllt auf der Insel drei Aufgaben, damit hier alle zusammenleben können, damit es etwas zu essen gibt, damit bei Streit geholfen werden kann, damit die Hütten gebaut und repariert werden können und anderes. Auch diejenigen von euch, die neu angekommen sind, sollten sich überlegen, was sie tun wollen.« Dann setzt sich der ältere Junge und schweigt. *(Bei jüngeren Kindern vielleicht einige Berufe aufzählen: Polizist, Koch, Mechaniker, Bürgermeister, Lehrer oder jemand, der auf andere aufpaßt.)*

Stell dir jetzt vor, welche drei Aufgaben du selbst auf der Insel übernehmen möchtest …

Für wen oder was willst du sorgen? Was willst du tun? Wofür willst du verantwortlich sein? …

Stell dir vor, wie du das auf der Insel tust … Was erlebst du alles? … Was ist angenehm an dem, was du erlebst? …

Wie reagieren die anderen Inselbewohner auf dich? *(Drei Minuten)*

Bereite dich nun langsam wieder auf den Abschied von der Insel vor … Du gehst vom Dorfplatz wieder zurück zum Strand … Du legst dich wieder in den Sand und schaust in den Himmel …

Langsam verblaßt die Vorstellung von der Insel …

Spanne jetzt zum Schluß alle Muskeln deines Körpers fest an und laß jetzt wieder los. Öffne deine Augen und sei wieder hier.

Nach der Übung

Malen der Insel und ihrer Bewohner (z.B. mit Wasserfarben). Und/Oder:
Die Übungsteilnehmer beschreiben die Insel und das, was sie getan haben.
Mögliche Fragen von seiten des Übungsleiters:
Möchtest du die Aufgaben auch hier in der Wirklichkeit ausüben?
Was müßtest du tun, damit das möglich ist?
Was würde sich dadurch alles ändern?
Könnte dir jemand helfen? Und wer?

Energiequelle

Ziel

Im folgenden wird eine kurze, aber wirkungsvolle Übung vorgestellt, mit der
man sich selbst mit Lebenslust und Kraft aufladen kann.

Übung

Stell dich aufrecht hin. Konzentriere dich auf deinen Atem … Laß ihn kommen und
gehen … Spüre deinen ganzen Körper, von oben bis unten … Nimm deine Körperhaltung wahr …

Schließe jetzt deine Augen. Spüre, ob du irgendwo in deinem Körper verspannt bist und stelle dir diese Körperteile vor … Beginne nun diese Verspannungen einzeln und nacheinander mit dem Atem aus deinem Körper hinauszuatmen …

Stelle dir nun vor, daß über deinem Kopf eine Energiequelle hängt, aus der du dir Lebenskraft und Lebenslust holen kannst … Du kannst dir soviel holen, wie du brauchst. Voraussetzung ist, du willst es. Stell sie dir vor, diese Energiequelle, gib ihr eine Form, eine Farbe …

Suche jetzt für dich ein Zauberwort, das die Energiequelle öffnet … Denke jetzt dieses Zauberwort und stell dir vor, wie die Lebenskraft über dich strömt, von oben nach unten deinen ganzen Körper überströmt. Wenn du willst, laß die Energie auch in deinen Körper hineinströmen …

Beobachte, was sich in deinem Körper verändert *(zwei Minuten)*.

Verabschiede dich nun von der Energiequelle … Du kannst dir mit Hilfe deines Zauberwortes jederzeit wieder Kraft, Energie und Lebenslust holen …

Strecke und recke dich nun … und öffne wieder deine Augen.

Nach der Übung

Jeder Übungsteilnehmer malt auf einem großen Blatt seine Energiequelle auf. Danach sitzen alle in einem Kreis, stellen ihre Energiequelle kurz vor und nennen auch ihr Zauberwort.

In einer Schulklasse zum Beispiel bietet es sich an, die Bilder aufzuhängen, so daß sich jeder auch später durch Ansehen der anderen Bilder noch Anregungen für die Veränderung seiner Energiequelle holen kann.

Meine (veränderbaren) Grenzen

Schrecken in der Nacht (Geschichte für Enuretiker)

Ziele

Die Übung ist für ältere Kinder und Jugendliche gedacht, denen es nachts noch mehr oder weniger häufig passiert, daß sie einnässen (Enuretiker). Die entsprechende Übung für jüngere Kinder findet sich im dritten Kapitel unter »Weitere Beispiele zur Anwendung von hilfreichen Selbstinstruktionen«.

Das Bettnässen wird von dem betroffenen Kind/Jugendlichen häufig als nicht beeinflußbar erlebt. Durch die Übung soll das Vertrauen in die eigenen Handlungsmöglichkeiten und das Gefühl der Einflußnahme gestärkt werden. Das heißt, die Einstellung kann vom passiven »Sich-dem-Bettnässen-ausgeliefert-Fühlen« in das aktive »Ich-tue-etwas-Dagegen« verändert werden.

Übung

Durchführen der Entspannungsübung (Beschreibung siehe unter »Autogenes Training mit Jugendlichen« im dritten Kapitel). Vor dem Zurückholen aus der Entspannung lenkt der ÜL die Aufmerksamkeit auf die Blase und läßt den ÜT sich selbst einen autosuggestiven Vorsatz überlegen. Zum Beispiel: »Die Blase weckt mich nachts, wenn sie voll ist.« Dieser formelhafte Satz soll mehrmals in Gedanken wiederholt werden. Danach erfolgt das Zurückholen aus der Entspannung durch den ÜL.

Nach der Übung

Den ÜT dazu anhalten, die Übung regelmäßig abends vor dem Einschlafen selbst durchzuführen, um die Blase zu entspannen.
Die eigene Handlungskompetenz hervorheben!
Besprechen, was sich für den ÜT und jedes einzelne Familienmitglied ändert, wenn das Einnässen nicht mehr auftritt.
Ausnahmen suchen lassen, das heißt Zeiten, in denen das Einnässen seltener auftrat. Welche Erklärungen hat der ÜT dafür? Welche Erklärungen haben andere Familienmitglieder, der Arzt usw. dafür? Dafür brauchen die betreffenden Personen nicht anwesend sein, der ÜT kann sich deren Meinung selbst überlegen.
Formelhafte Sätze zur Beeinflussung der Blase sammeln.

Ich spüre meine Grenzen
von Hennes Groddeck

Ziele

Die Übung dient dazu, die eigenen Körpergrenzen zu spüren, um damit das Gefühl zu bekommen: »Das bin ich«. Gleichzeitig kann diese Übung ein

Bewußtsein für die anderen Formen von Grenzen schaffen, die jeder Mensch kennt: die inneren Grenzen.

Übung

(Viel Platz und warme Unterlagen oder warmen Teppichboden.)

Suche dir einen Partner, mit dem du eine etwa zwanzigminütige Körperübung machen willst. Besprecht, wer der Geber sein will (der Aktive) und wer der Nehmer.

Die Rollen werden nach einem Durchgang (zehn Minuten) getauscht.

In der folgenden Übung wirst du von deinem Partner berührt. *(Bei Partnern, die sich nicht sehr vertraut sind, sollte mit der Körperrückseite begonnen werden. Die Übung kann auch nur auf die Rück- oder Vorderseite beschränkt bleiben.)*

Der Nehmer legt sich bequem mit dem Rücken auf eine Unterlage und teilt dem Geber mit, an welchen Körperstellen er nicht berührt werden möchte. *(Man kann hier in die Instruktion einfließen lassen, daß der Genitalbereich und die Brüste von der Berührung ausgespart werden.)*

Der Geber beginnt nun sanft und langsam seine beiden Handflächen auf die Füße des Nehmers zu legen. Achte als Geber darauf, daß du dich nicht verkrampfst, sondern entspannt sitzt, tief und gleichmäßig atmest. Du läßt deine Hände für etwa sechs Atemzüge liegen. Jetzt nimmst du deine Hände behutsam weg und legst sie ein Stück höher im Bereich der Fußgelenke wieder auf. So wanderst du die Vorderseite des Körpers hoch bis zum Kopf und berührst dabei die gesamte Oberfläche deines Partners mit Ausnahme der vorher ausgeschlossenen Stellen.

(Weitere Instruktionen:

Ist der Geber am Kopf angelangt, wird der Nehmer aufgefordert sich umzudrehen, und der Geber bedeckt die Rückseite des Körpers von oben nach unten mit den Handflächen.

Danach läßt man den Nehmer einen Moment ruhig liegen. Er kann dann über seine Empfindungen sprechen. Anschließend werden die Rollen getauscht. Der Geber wird Nehmer, der Nehmer wird Geber.)

Diese Form ist dann angeraten, wenn direkter Körperkontakt vermieden werden soll.

Der Nehmer wird vom Geber mit leichtem Karton, Pappe, Tonpapier, jeweils in kleineren Stücken (Streifen, Quadrate oder Rechtecke), Bierdeckeln oder Herbstblättern von den Füßen beginnend bis zum Kopf hin abgedeckt. Dies geschieht nur für eine Körperseite, das heißt, der Nehmer entscheidet sich vor Beginn der Übung, ob seine Vorder- oder Rückseite abgedeckt werden soll.

Das Abdecken selbst geschieht sehr langsam, von den Füßen beginnend. Wenn der Geber am Kopf angekommen ist, werden die aufgelegten Materialien vom Kopf zu den Füßen hin wieder abgedeckt, ebenfalls sehr langsam.

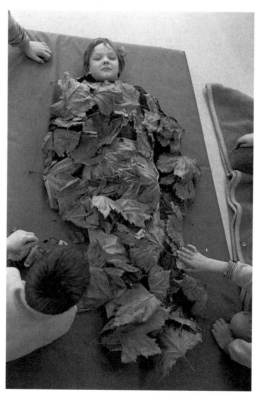

Jeder erhält die Möglichkeit, mit Wachsmalkreide oder Pastellkreide das Gefühl, das er jetzt von sich hat, zu malen. Im Anschluß werden die Bilder vorgestellt. Interessant ist die Frage, wie sich die äußere Körperschicht, die Grenze, anfühlt, beispielsweise hart wie Metall oder durchlässig wie Papier. Hier erhält man vielleicht Hinweise auf verborgene Ängste, Kontaktwünsche oder Schutzbedürfnisse.

Begehrte Kirschen (eine Vorlesegeschichte)

Ziel

Die Geschichte dient der Auseinandersetzung damit, daß Wünsche manchmal unrealistische Idealvorstellungen sind.

Geschichte

(Die ÜT setzen sich bequem hin und schließen zum besseren Vorstellen der Geschichte gegebenenfalls die Augen.)
Der Käfer Balduin gehört zu einer auf dem Boden lebenden Käferfamilie. In dem Garten, in dem der kleine Käfer mit seinen Eltern und Geschwistern wohnt, steht ein Kirschbaum. Balduin schaut jetzt den dritten Sommer sehnsuchtsvoll auf die daran hängenden roten Kirschen. Jedesmal, wenn er an die reifen Kirschen denkt, läuft ihm

das Wasser im Munde zusammen. Er stellt sie sich süß schmeckend und ganz saftig vor. Seiner Familie und den Freunden schwärmt er oft von den begehrten Kirschen vor. Aber diese bezeichnen ihn nur als Träumer und fordern ihn auf, ans Vorratsammeln für den Winter zu denken.

Eines Tages beschließt Balduin, auf den Kirschbaum zu klettern und eine Kirsche zu probieren. Früh, als die anderen noch schlafen, schleicht er sich aus der in der Erde versteckt liegenden Wohnung und läuft schnell auf den Baum zu. Der Stamm kommt ihm sehr dick vor, und er muß allen Mut zusammennehmen, um sich auf das Abenteuer einzulassen. Je höher er hinaufkommt, desto mehr kommt Balduin ins Schwitzen und Keuchen. Wenn er nach unten schaut, wird ihm ganz schwindelig. Aber die Vorstellung von den süßen Kirschen treibt ihn immer weiter nach oben.

Nach vielen Mühen erreicht Balduin die ersten Zweige und krallt sich fest, da er Angst hat, herunterzufallen. Ganz in der Nähe hört er Vögel zwitschern und hofft, daß sie ihn nicht entdecken, wenn er sich still verhält. Nachdem er sich etwas ausgeruht hat, schleicht er sich an die nächste Kirsche heran und beißt genußvoll hinein. Gleich darauf verzieht er das Gesicht und spuckt alles aus: »Igitt!! Die ist ja sauer!« Er krabbelt zur nächsten Kirsche und hofft nun eine süße zu erwischen. Aber diese ist auch sauer. Enttäuscht und mit Tränen in den Augen krabbelt er zurück und ist froh, daß zu Hause noch alle schlafen und keiner seinen Ausflug bemerkt hat.

Balduin erzählte niemandem von seinem Abenteuer, um nicht ausgelacht zu werden. Es fiel nur allen auf, daß er nicht mehr von den Kirschen sprach.

Nach der Übung

Gespräch über folgende Themen:
Bist du auch schon enttäuscht gewesen, als sich deine Wünsche erfüllten und die Realität anders war als die Vorstellung?
Bei übergewichtigen Kindern: Die zum Teil unrealistischen Vorstellungen von dem, was sich nach der Gewichtsabnahme alles im Leben ändern wird, besprechen. (Viele meinen zum Beispiel, daß sie allein durch die Gewichtsabnahme und ohne sonstiges Dazutun viele Freundinnen/Freunde haben werden.)

Was bleibt, bin ich

Ziele

Die Übungsteilnehmer können lernen zu differenzieren, welche Merkmale ihres Körpers und ihrer Persönlichkeit sie als Stärken begreifen, die sie bewahren bzw. entwickeln wollen, und lernen sich selbst zu akzeptieren, wie sie sind.

Übung

(Die ÜT sitzen oder liegen bequem.)

Entspanne dich und laß deinen Atem fließen. Nun stell dir vor, du gehst in einer größeren Stadt spazieren. Du schaust dir die Häuser an und auch die Menschen …

Am Ende der Straße siehst du ein großes, altes Gebäude. Du beschließt hineinzugehen. Das Gebäude hat nur einen sehr großen Raum, in dem du jetzt stehst. An einer Wand hängt ein Gemälde. Zuerst glaubst du deinen Augen nicht zu trauen, aber doch, es ist ein Bild von dir selbst, so wie du heute bist. Schau dich an, wie du gemalt bist. Welche Körperhaltung hast du? … Was tust du? …

Was ist noch auf dem Bild zu sehen? …

Jetzt erst bemerkst du einen Pfeil an der Wand, der nach rechts zeigt und auf dem »Vergangenheit« zu lesen steht. Nach links zeigt ein Pfeil, der heißt »Zukunft«. Du entschließt dich nach rechts, also in die Vergangenheit, zu gehen. In einiger Entfernung hängt ein Bild, auf dem du im Mittelalter dargestellt bist, in der Zeit der Ritter, der Burgen, aber auch der einfachen und armen Handwerksleute. Schau dich an *(wiederholen der Fragen von oben)* …

Dir fällt auf, daß du dich sofort erkannt hast, und dies liegt nicht nur an deinem Gesicht. Es ist das Unverwechselbare an dir, das, was dich kennzeichnet, das, was man als deine Stärken bezeichnen könnte, alles an dir, auf das du stolz bist … Du erkennst aber auch deine Schwächen, die zu dir gehören …

Du trennst dich von deinem Anblick aus dem Mittelalter und gehst zurück, an deinem Gegenwartsbild vorbei, bleibst kurz stehen und beobachtest hier deine Stärken und Schwächen …

Jetzt gehst du langsam nach links in Richtung Zukunft … Es erscheint ein Bild mit dem Titel »Du in der Welt 2000«. Schau dich an *(wiederholen der Fragen von oben)* …

Achte nun darauf, wie du mit deinen Stärken und Schwächen im Jahr 2000 umgehst … Nun löse dich von dem Bild und gehe noch einmal an dem Gegenwartsgemälde vorbei …

Du gehst nun zurück zur Eingangshalle … und aus dem Museum hinaus … Nachdenklich gehst du die Straßen, die du gekommen bist, zurück …

Nun strecke dich, spanne deine Muskeln an, hole tief Luft und atme mit einem lauten Ton aus … Öffne deine Augen.

Nach der Übung

Die ÜT stellen ihre Stärken, auf die sie stolz sind, vor und ebenso ihre Schwächen und berichten darüber, ob sie ohne Einschränkung zu sich stehen können/sich so akzeptieren, wie sie sind, oder ob sie Probleme haben, ihre Schwächen zu akzeptieren. Und/Oder:

Die ÜT schreiben auf, was sie alles können (zum Beispiel: »Ich kann gut mit Menschen umgehen.«), und was sie nicht können; möglichst auf einem großen Blatt, die beiden Seiten gegenüberstellend. Die Ergebnisse können vorgelesen werden.

Danach wird überlegt, ob man sich von der Seite »Das bin ich nicht, das kann ich nicht« etwas zum Ziel setzen will. Wichtig ist dabei die Frage »Wie will ich das erreichen?« Und/Oder:

Alle setzen sich in einen Kreis. Einer beginnt mit dem Satz »Ich kann …«, der nächste fährt fort. Weitere sinnvolle Satzanfänge: »Ich bin …« oder »Ich bin nicht …« oder »Ich kann nicht …«. Und/Oder:
Erstellen einer Collage aus Zeitschriften zum Bildthema »Was mir auch im Jahr 2000 noch wichtig ist« – dies sowohl in bezug auf die eigene Person als auch auf Probleme der Welt (Ökologie etc.).

Einstellungen zu mir und mein Umgang mit Dingen

Der weiße Drache gibt und nimmt

Ziele

Diese Vorstellungsübung versucht zu verdeutlichen, daß wir etwas nur dann wirklich erreichen und erhalten, wenn wir es auch wieder gehen lassen/uns davon unabhängig machen können.

Es sollen Lebenssituationen ins Bewußtsein gerückt werden, in denen wir krampfhaft etwas erreichen wollten und es mißlang, bzw. Lebenssituationen, in denen wir bereit waren, die Möglichkeit des Nichterreichens zu akzeptieren und es dann trotzdem – oder gerade deshalb – gelungen ist.

Übung

Leg dich bequem auf den Boden und schließ deine Augen. Du läßt dich richtig in den Fußboden einsinken, der Boden trägt dich. Stell dir vor, du liegst auf einer Wiese mit sattem Gras. Rieche die Düfte und genieße eine Weile die Ruhe, die hier herrscht … Jetzt stellst du dir vor, daß du von der Wiese aufstehst und auf ihr spazierengehst. Der Himmel ist blau … Nach einer Weile nimmst du in der Ferne einen großen See wahr, auf den du zugehst. Über diesem See hängen einige größere, mittelgroße und kleine weiße Wolken. Plötzlich siehst du, wie sich die Wolken und Wölkchen zu einem Gebilde vereinigen, ganz langsam …

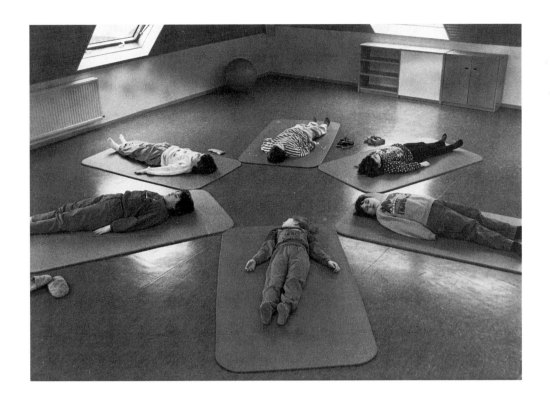

Jetzt erkennst du, daß es sich um einen Drachen handelt, so wie du ihn in Bilderbüchern schon gesehen hast. Nur, dieser weiße Drache ist aus Wolken. Du bist noch sehr weit von ihm entfernt und bleibst stehen, um in aller Ruhe zuzuschauen. Du hast keine Angst …

Langsam dreht der Drache seinen Kopf in deine Richtung und ruft mit sanfter Stimme deinen Namen. Dann spricht er weiter: »Was wünschst du dir zur Zeit am meisten?« Überlege nicht lange, sag dem Drachen das, was dir als erstes in den Sinn kommt …

Langsam und majestätisch kommt der Drache in deine Richtung geflogen. Noch ist er ziemlich klein; seine Flügel schlagen sanft und gleichmäßig. Du bist ruhig, du weißt, er ist ein gutmütiger Drache. Je näher er kommt, um so größer wird er … Bald nimmst du etwas auf seinem Rücken wahr, das dir bekannt vorkommt.

65

Es ist das, was du dir gewünscht hast. Der Drache landet vor dir, und er gibt dir zu verstehen, daß du dir das, was du gewünscht hast, von seinem Rücken herunterholen kannst, was du auch machst. Stell dir nun vor, was du mit dem Gewünschten tust ... Was fühlst du? ...

Nach einiger Zeit bittet dich der weiße, freundliche Wolkendrache, das, was du dir gewünscht hast, wieder auf seinen Rücken zu laden, damit er es wieder mitnehmen könne. Du packst das Gewünschte auf seinen Rücken ...

Der Drache verabschiedet und erhebt sich langsam und vorsichtig in die Luft und in den blauen Himmel hinein. Du setzt dich auf die Wiese und schaust zu ... Der weiße Drache entfernt sich stetig und wird dabei immer kleiner ...

Was fühlst du im Moment? ...

Nun schwebt er wieder zurück, auf den großen See zu und löst sich langsam wieder auf. Aus dem weißen, fliegenden Drachen werden große, mittelgroße und kleine Wolken und Wölkchen ...

Verabschiede dich nun von dem, was du in deiner Phantasie erlebt hast und bereite dich darauf vor, gleich wieder hierher in den Raum zurückzukehren ...

Strecke und recke dich noch einmal und öffne langsam deine Augen.

Nach der Übung

Gespräch zu folgenden Aspekten:

Was hat dir der Drache gebracht?

Wie hast du dich gefühlt, nachdem dir der Drache deinen Wunsch erfüllt hat? (Hier kann die Vorfreude auf etwas Gewünschtes angesprochen werden. Wie verändert sich die Beziehung zu dem, was du eine Zeitlang besitzt? Würdest du dir momentan noch das gleiche wünschen, oder hat sich dein Wunsch verändert? Oft ist der Wunsch wichtiger als die Realisierung des Wunsches.)

Wie geht es dir jetzt, nachdem der Drache das, was du dir gewünscht hast, wieder mitgenommen hat? (Angesprochen werden kann hier auch, daß man in der Lage sein sollte, sich von etwas zu trennen. Dies kann ein Gegenstand wie auch eine Beschäftigung sein: Wenn man nur Fußball spielt oder nur mit dem Elektronik-Spiel oder nur fernsieht, bedeutet dies eine einseitige Beschränkung, die andere Fähigkeiten verkümmern oder notwendige Aufgaben in den Hintergrund treten läßt.)

Was bedeutet dieser Wunsch für dich in deinem Leben? (Folgende Inhalte erscheinen uns relevant: Wie anders sieht dein Leben aus/bist du/sind deine Mitmenschen zu dir, wenn dein Wunsch erfüllt ist bzw. nicht erfüllt ist?)

Beispiele sammeln dafür, daß wir häufig erst dann etwas bekommen, wenn wir innerlich davon loslassen oder ganz darauf verzichten können.

Der andere Planet

Ziele

Diese Imaginationsgeschichte hilft die derzeit im Mittelpunkt stehenden Gefühle, Probleme und Gedanken an die Oberfläche zu bringen. Problemvermeidungen und angstbesetztes Verhalten werden ebenso sichtbar wie Wunschvorstellungen.

Übung

(Die ÜT legen sich hin.)

Leg dich bequem auf deine Unterlage und schließ deine Augen. Laß deine Gedanken kommen und gehen, nimm sie wahr, aber schenke ihnen keine weitere Aufmerksamkeit. Stell dir nun vor, daß du ausgewählt bist, einen Planeten zu erforschen, der gerade erst entdeckt wurde. Zu diesem Zweck bist du eingeladen, eine weltbekannte Forschungsstation in einer großen Stadt zu besuchen.

Du verabschiedest dich von zu Hause und machst dich auf den Weg zum Bahnhof. Während der Zugfahrt schaust du aus dem Fenster und siehst, wie die Landschaft dahinsaust …

Nach einigen Stunden bist du da. Du steigst aus und gehst durch den Bahnhof. Du erkundigst dich nach dem Weg und gehst zu Fuß einige Straßen entlang … Dann stehst du vor der Forschungsstation. Du öffnest die Eingangstür, gehst hinein und befindest dich in einer Halle. In der Mitte steht ein riesiges Fernrohr und davor ein Sessel. Auf diesen Sessel darfst du dich setzen …

Und jetzt schaust du durch das Fernrohr hindurch. Es dauert einige Zeit, bis du das hochempfindliche Fernrohr scharf eingestellt hast.

Was siehst du? …

Gibt es Pflanzen, Tiere oder Häuser? … Und wie sehen sie aus? …

Es gibt auf dem Planeten menschenähnliche Wesen. Schau sie dir an.

Was ist anders als bei uns Menschen? …

Was tun sie? … Wie gehen sie miteinander um? …

Jetzt siehst du, wie einige dieser Planetenbewohner das tun, was du schon immer einmal gerne getan hättest … Einige der Planetenbewohner tun das, was bei uns auf der Erde nicht so gerne gesehen wird, was man eigentlich nicht tut. Aber diese Bewohner tun es trotzdem, weil es ihnen Spaß zu machen scheint … Stell es dir vor …

Langsam wird das, was du siehst, immer unschärfer, denn der neuentdeckte Planet läßt sich nur kurze Zeit beobachten. Er wird immer undeutlicher … Jetzt kannst du ihn nicht mehr erkennen.

Verabschiede dich innerlich von dem Planeten. Wenn du willst, kannst du ihm noch einen Namen geben …

Strecke und recke dich, atme tief ein und aus … Öffne dann deine Augen und kehre hierher in den Raum zurück.

Nach der Übung

Malen des Planeten und gemeinsames Anschauen der Bilder.

Gespräch:

Was hast du alles gesehen?

Was ist anders als bei uns auf der Erde?

Bist du überrascht oder erstaunt über das, was dir alles zu dem eingefallen ist, was man bei uns auf der Erde nicht tut, was den Planetenbewohnern aber Spaß zu machen scheint?

Was sollte deiner Meinung nach bei uns auch erlaubt sein?

Was hindert dich daran, so zu sein wie die Planetenbewohner?

Was müßtest du anders machen, damit du auch so leben könntest?

Und welche Folgen hätte dies?

Heute bin ich ganz anders

Ziele

In der Vorstellung werden neues Verhalten ausprobiert und vermutete Reaktionen aus dem sozialen Umfeld erfaßt. Verhalten, das bereits in der Vorstellung durchgespielt wurde, läßt sich in der Realität leichter ausführen, da der Handelnde schon damit vertraut und geübt ist. Dadurch wird die Hemmschwelle für dieses neue Verhalten herabgesetzt.

Im folgenden einige Beispiele für altes, »einengendes« Verhalten:

Neigung zum Perfektionismus, keine Fehler machen wollen; Mißerfolgserwartung; keine Grenzen setzen können (nicht »nein« sagen können).

In bezug auf diese Beispiele könnte ein in der Vorstellung auszuprobierendes neues Verhalten sein:

alles geht schief,

bei allem nur das Gelungene sehen,

nur noch Grenzen setzen, bei allem »nein« sagen.

Vorbereitung

Der ÜT beschreibt ausführlich den alltäglichen Tagesablauf (zu Hause, Schule, Freizeit). Dabei sollte der ÜL vor allem auf die Situationen achten und sie gegebenenfalls erfragen, in denen der ÜT durch das bisherige alte Verhalten Einengungen erlebt. Weiterhin wichtig sind die bisher erlebten Reaktionen der Familienmitglieder, Freunde usw. auf das bisherige Verhalten.

Übung

(Mit dem ÜT wird abgesprochen, worauf es bei dem neu auszuprobierenden Verhalten ankommt. Der ÜT setzt sich bequem hin und schließt die Augen, eventuell eine kurze Entspannungsanweisung geben.)

Stell dir vor, du liegst im Bett und schläfst. Du siehst dein Zimmer und spürst die Bettdecke auf deinem Körper. Mitten in der Nacht kommt eine Fee in dein Zimmer. Wir stellen uns einfach vor, daß es Feen gibt, und sie berührt dich mit ihrem Zauberstab. Dies hat zur Folge, daß du dich nun für einen ganzen Tag völlig anders verhältst, als du und deine Familie und Freunde es sonst von dir gewohnt sind.

Es wird langsam heller und heller in deinem Zimmer … Es ist Zeit aufzustehen …

(Ab jetzt soll der ÜT berichten, wie der Tag vom Aufstehen bis zum Zubettgehen verläuft, und zwar in Hinsicht auf das Verhalten, das mit ihm abgesprochen wurde. Hierbei sollte der ÜL auch nachfragen, wenn das auszuprobierende Verhalten oder die Reaktionen des sozialen Umfeldes zu oberflächlich beschrieben werden.)

Nach der Übung

Gespräch:

Wie ging es dir bei der Übung?

Was macht es dir schwer, dich so, wie du es jetzt ausprobiert hast, zu verhalten?

Wie würden dann die Familie, Freunde usw. reagieren?

Läßt sich das neue Verhalten in manchen Situationen anwenden? Woran würden Mutter, Vater oder andere merken, daß du dich anders verhältst?

Welche Vorteile hat das neue Verhalten?

Bringt das neue Verhalten auch Nachteile? Welche?

In welchen Situationen ist es sinnvoll, das neue Verhalten zu zeigen, und in welchen Situationen ist es zweckmäßiger, sich wie bisher zu verhalten?

Mit dem Delphin zur Welt der Zufriedenheit

Ziele

Die Kinder und Jugendlichen machen sich bewußt, was ihnen zur Zeit in ihrem Leben nicht gefällt, was sie gerne anders hätten und/oder was sie an sich selbst verändern möchten.

Vorbereitung

Angenehme Atmosphäre, weiche Unterlage. Die Teilnehmer liegen auf dieser Unterlage und entspannen sich. Zu Beginn und in der anschließenden Entspannungsphase ist Musik eine sinnvolle Unterstützung.

Übung

(Eventuell Musik einschalten, die die Vorstellung von Wasser unterstützt.)

Laß dich weich in deine Unterlage einsinken. Stell dir vor, du liegst auf weichem, warmem Sand ... Dir selbst ist ebenfalls angenehm warm, und du fühlst dich entspannt. Jetzt überlege einmal, ob es Verhaltensweisen/Eigenschaften an dir gibt, mit denen du unzufrieden bist ... Überlege, ob es vielleicht immer wiederkehrende Situationen gibt, in denen du mit dir unzufrieden bist, du Probleme hast ... Welchen Personen begegnest du da? ...

Nun denke nicht mehr daran, sondern kehre mit deiner Aufmerksamkeit zum Strand zurück ...

Du schaust auf das Wasser und bemerkst, daß von weitem ein Delphin in deine Richtung schwimmt ... Immer wieder springt er in die Höhe und taucht geschmeidig ins Wasser ein. Du stehst auf und gehst ihm ein Stück entgegen, bis dir das Wasser zum Bauch reicht.

Du weißt, daß Delphine freundliche Tiere sind und hast keine Angst. Der Delphin ist jetzt bei dir, schwimmt um dich herum, gibt dir Zeichen mit dem Kopf. Er will, daß du ihm ins Wasser folgst.

Direkt am Strand liegt deine Taucherausrüstung. Du ziehst sie über und folgst dem Delphin in das warme Wasser. Er gibt dir zu verstehen, daß du dich an seiner Rückenflosse festhalten sollst, was du auch tust. Das große Tier zieht dich durchs Wasser ... Ihr gleitet gemeinsam; es ist unsagbar schön ...

Nach einiger Zeit taucht ihr ab. Du siehst die Fische und Pflanzen unter Wasser ... Bald kannst du in einiger Entfernung eine mächtige Unterwasserglaskuppel entdecken. Ihr nähert euch dieser Glaskuppel, der Delphin verlangsamt sein Tempo. Du schaust in die Kuppel und siehst eine Unterwasserwelt ...

Es kommt dir alles sehr bekannt vor. Und jetzt siehst du dich selbst. Du staunst. Doch etwas ist in dieser Welt anders: Du bemerkst ein Schild, darauf steht: »In dieser Unterwasserwelt ist jeder mit sich zufrieden, hat gelernt mit seinen Fehlern und Schwächen umzugehen und auch mit Situationen und Menschen, die ihm früher Probleme bereitet haben.«

Beobachte nun eine Zeitlang, wie du in dieser Welt lebst, wie du deine Unzu-
friedenheit, deine Probleme in verschiedenen Situationen und mit Menschen löst
(drei Minuten).

Du spürst, wie der freundliche Delphin zu dir herankommt und dir zu verstehen
gibt, den Rückweg anzutreten. Du wendest dich von der Unterwasserwelt ab und
hängst dich wieder an den Delphin. Er schwimmt nun langsamer zurück, so als
wollte er dir Gelegenheit geben, dich behutsam von dem Gesehenen zu verabschieden …

Nach einer Weile kehrt ihr an die Stelle zurück, von der ihr losgeschwommen
seid … Du läßt die Flosse des Delphins los. Er hebt seinen Kopf, als ob er dich
zum Abschied grüßen wollte, und verschwindet mit einem weiten Sprung im
Wasser.

Du legst dich wieder an den Strand zurück und freust dich über das, was du erlebt
hast …

Bereite dich vor, gleich wieder hierher in den Raum zurückzukehren …

Öffne nun langsam deine Augen.

(Eventuell Musik ausschalten.)

Nach der Übung

In einer Runde erzählt jeder, was er erlebt hat.

Besondere Beachtung verdienen die Fragen, wie man es erreicht hat, sich
zufriedener zu fühlen, neue Verhaltensweisen zu erwerben bzw. sich Menschen
gegenüber anders zu verhalten und wie diese darauf reagierten.

Für kleinere Kinder: Malen der Unterwasserwelt und anschließend zeigen und
vielleicht beschreiben lassen.

Für Jugendliche: Jeder schreibt seine in der Unterwasserwelt beobachteten
neuen Verhaltensweisen auf. Wer möchte, kann danach vorlesen.

In einem folgenden Gespräch ist auf den Aspekt, wie das neue Verhalten im Alltag realisiert wird, zu achten.

Diese Phantasiereise kann im Deutsch-, Kunst- und Sozialkundeunterricht unter der Thematik »Eine Welt voller Zufriedenheit« eingesetzt werden.

Meine Ziele, Wünsche und Perspektiven

Losgelöste Flugballons

Ziele

Durch die Übung sollen Bereiche erfaßt werden, in denen die ÜT Probleme sehen, zum Beispiel Angst vor der Trennung der Eltern und nächtliches Einnässen. Weiterhin sollen Ziele erstellt und Wege zur Bewältigung erarbeitet werden.

Übung

(Die ÜT setzen sich bequem hin und schließen die Augen.)
Stell dir vor, es ist ein warmer Sommertag. Du gehst im Wald an einem Bach entlang und hörst auf sein Plätschern und Murmeln. Dabei beobachtest du, wie das Wasser hervorstehende Baumwurzeln und hineinhängende Äste, Blätter und Gräser umspült. Ab und zu bilden sich kleine Strudel im fröhlich dahinfließenden Gewässer. Unter deinen Füßen spürst du den weichen Moosboden und atmest dabei die frische, klare Waldluft ein. Die Laub- und Nadelbäume des Waldes ragen hoch in den Himmel hinauf, und einige Sonnenstrahlen durchdringen die dichten Baumwipfel.
Der Bachlauf führt dich an den Waldrand, wo du noch ein Eichhörnchen auf einem Baum herumklettern siehst. Die Vögel singen dir ein Abschiedslied.
Dein Weg führt dich jetzt auf eine Wiese. Du spürst die Wärme der Sonne angenehm auf dir ruhen und mit jedem Schritt wird dir wohler zumute. Du siehst verschiedene

Blumen stehen und nimmst ihre Gerüche wahr. Die Blumenwiese zieht sich einen Hügel hinauf, und auf seiner anderen Seite erblickst du drei große Fesselballons mit riesigen Körben. Sie sind fest verankert, so daß sie nicht fortfliegen können.

Du gehst zu ihnen und betrachtest sie in Ruhe. Plötzlich hast du eine Idee: Wie wäre es, wenn du in jeden Korb etwas aus deinem Leben hineinpacken würdest, etwas, das dich stört, etwas, das du loswerden oder verändern möchtest? Du überlegst dir jetzt drei Dinge … und packst nun jeweils eines oder ein Symbol dafür in einen der großen Körbe …

Dann schneidest du die Seile durch, die die Ballons auf der Erde festhalten und siehst zu, wie sie langsam vom Boden abheben. Sie schweben höher und höher … Dabei werden sie immer kleiner und verschwinden in der Ferne. Du blickst ihnen nach und setzt erleichtert deinen Weg über die Wiese fort. Du hast Lust zum Hüpfen und Springen, was du auch tust.

(Fordern Sie die ÜT auf, die Augen zu öffnen, sie sollen sich dehnen und strecken.)

Nach der Übung

Die ÜT sollen die drei Flugballons mit den in die Körbe gepackten Problemen malen oder von ihnen erzählen.

Besprechen, was im Leben oder Alltag anders ist, wenn die gesehenen Probleme nicht mehr vorhanden sind. (Wenn sich beispielsweise die Eltern klar für oder gegen eine Trennung entscheiden oder nächtliches Einnässen nicht mehr auftritt.)

Besprechen, was Mutter/Vater/Geschwister/Freundinnen/Freunde usw. für den ÜT eingepackt hätten.

Ziele und Wege zur Problembewältigung/Veränderung erarbeiten. (Zum Beispiel mit den Eltern über die Angst vor ihrer Trennung und dem Leben danach sprechen.)

Was wurde bisher zur Bewältigung dieser konkreten Probleme unternommen? Gab es Zeiträume, in denen die gesehenen Probleme nicht auftraten? Wie erklärt sich das der ÜT? Wie erklären es sich vermutlich die Eltern/Freunde?

77

Das Schatzkästchen (eine Vorlesegeschichte)

Ziele

Durch die Beschäftigung mit der Geschichte sollen Zielsetzungen für das eigene Leben entwickelt werden. Ziele und deren schrittweise Realisierung können erarbeitet werden. Die Einleitung, die von einer Urlaubsfahrt mit der vollständigen Familie (Eltern, Geschwister) ausgeht, ermöglicht auch die Diskussion darüber, ob die Zuhörer in einer vollständigen Familie leben. Welche Erfahrungen und Meinungen zu den Themen Trennung, Stieffamilie, »halbe Familie« liegen vor?

Geschichte

(Die ÜT setzen sich bequem hin und schließen die Augen.)

Stell dir vor, du hast Sommerferien und verbringst einen Teil davon mit deinen Eltern (und Geschwistern) in einem kleinen Ferienort. Um diesen Ort herum gibt es viele Wälder und Wiesen. Deine Eltern wollen sich in dem ruhigen Ort erholen. Sie unternehmen heute nachmittag nichts mit dir, und da es herrliches Wetter ist, beschließt du, alleine die Gegend zu erkunden. Dein Ziel ist ein weit entfernt liegender See. Der Weg dorthin führt dich an Feldern und Wiesen vorbei, auf denen bunte Blumen stehen …

Jetzt kommst du an eine Weggabelung, deren rechte Abzweigung zum See führt. Du bleibst stehen und schaust dem nach links abzweigenden Pfad nach. Dein Blick streift einen Wald und davor entdeckst du ein großes, altes Haus, das halb verfallen aussieht. Die Neugierde zieht dich zu dem Haus hin. Ängstlich, aber auch gespannt läufst du zu diesem verlassenen Gebäude … und dann erst einmal vorsichtig herum. Die Fensterscheiben sind grau und kaputt, eine Hausseite ist mit Pflanzen bewachsen.

Die Haustüre hängt schief in den Angeln und sie knarrt beim Öffnen. Du betrittst das unheimliche Haus und befindest dich nun in einem eingestaubten Raum. Alte, verstaubte Stühle stehen herum, und Bilderrahmen hängen schief an den Wänden. Du weißt nicht, ob du schnell weglaufen sollst oder ob du dieses Haus erforschen möchtest. Vielleicht findest du ja einen Schatz? Wie würden die Eltern staunen! Die Neugierde ist stärker als die Angst. Du gehst durch mehrere Zimmer, in denen nichts steht, in denen aber in allen Ecken große Spinnweben hängen. Jedes Knacken läßt dich zusammenschrecken.

Du kommst zu einer alten Holztreppe, in der einige Stufen fehlen. Beim Hinaufsteigen knarrt sie mit jedem Schritt. Im ersten Stockwerk fällt dir in einem Zimmer, in der Holz-vertäfelung der Wand ein kleiner Spalt auf, so als würde eine Türe leicht offen stehen. Beim Näherkommen erkennst du, daß es wirklich so ist. Mit etwas Anstrengung läßt sie sich auch aufziehen. Vorsichtig blickst du hinein und kannst nichts erkennen, da alles dunkel ist. Du nimmst dir fest vor, morgen mit einer Taschenlampe wieder zu kommen. Im nächsten Raum, den du erforschst, findest du in einer Ecke den Rest einer Kerze. Dir fällt ein, daß du noch Streichhölzer bei dir hast. Erneut gehst du zur Geheimtüre, und im Schein der Kerze erkennst du einen engen Gang. Du betrittst ihn, und während du ihn entlangläufst, bemerkst du, wie stickig die Luft ist … Du kommst an eine Wendeltreppe, die nach unten führt. Sie sieht unbeschädigt und stabil aus. Du steigst hinab … und gelangst in einen kleinen, leeren Raum. Beim Ausleuchten findest du nichts Interessantes und willst enttäuscht umkehren. Dabei stößt dein Fuß an etwas. Es ist ein kleines Holzkästchen auf dem Boden.

Du stellst die Kerze daneben und nimmst das Kästchen in die Hand. Dein Herz klopft stark. Ob es sich öffnen läßt? Was wohl drinnen ist? Der Deckel läßt sich leicht abnehmen, und darin liegen ein Ring und ein Stück vergilbtes Papier. Die Schrift darauf läßt sich kaum entziffern. Es ist die Anleitung zur Benutzung des Ringes, der Zauberkräfte hat. Die Anleitung lautet: »Wenn du den Ring ansteckst, einen Wunsch nennst und den Ring dabei drehst, wird dir sofort dieser Wunsch erfüllt. Insgesamt hast du drei Wünsche frei.« Das willst du gleich ausprobieren. Du steckst den Ring an, überlegst sorgsam, was du dir in deinem Leben für Veränderungen wünschst …

Du denkst an den ersten Wunsch und drehst an dem Ring … dann an den zweiten Wunsch … und an den dritten …

Den Zauberring läßt du angesteckt, das Kästchen nimmst du mit. Dir ist seltsam zumute, als du die Wendeltreppe nach oben steigst und durch den engen Gang in Richtung Geheimtüre zurückgehst … Du verläßt das alte Haus und kehrst wieder zur Weggabelung zurück … Als du dich nach dem Gebäude umblickst, sieht es klein und verlassen am Waldrand liegend aus. Du kommst dir vor wie in einem Traum. Aber der Ring und das Holzkästchen in deiner Hand sind der Beweis, nicht geträumt zu haben.
(Die ÜT auffordern, die Augen zu öffnen.)

Nach der Übung

Gespräch:
Was waren die drei Wünsche? Sind sie persönlich oder allgemein gehalten? Welche Veränderungen würden sich im Leben durch die Erfüllung der drei Wünsche ergeben?
Welche Wünsche sind wie zu verwirklichen? Eventuell Teilziele festlegen.

Entdeckungsreise mit der Zeitmaschine
(eine Vorlesegeschichte)

Ziele

Die Geschichte dient der Herausarbeitung persönlicher Ziele für die nähere Zukunft. Weiterhin wird modellhaft für verschiedene Lebensbereiche von Kindern/Jugendlichen vorgeführt, welche Hilfen es gibt (zum Beispiel Vorsatzbildung, Selbstinstruktion), und wie sie eingesetzt werden können, um das Ziel zu erreichen.

Geschichte

(Die Zuhörer setzen sich bequem hin.)

Susanne und Michaela, 12jährige Zwillinge, deren 14jähriger Bruder Thomas und dessen Schulfreund Sebastian gehen im nahe gelegenen Wald spazieren. Sie entdecken eine Höhlenöffnung, in die sie sich neugierig, einer nach dem anderen, hineinzwängen. Die Höhle ist innen recht hoch und geräumig. Alle können bequem in ihr stehen. Thomas hat eine Taschenlampe dabei, die er zum Erkunden der Höhle einschaltet. An der Decke der Höhle glitzert es feucht, am Boden krabbeln einige Käfer und Ameisen herum. Im Hintergrund sehen die Höhlenforscher etwas schimmern und glänzen, und sie gehen gespannt darauf zu.

Sie entdecken einen großen, metallenen, rechteckigen Kasten, der so groß ist, daß sie alle vier hineinpassen würden. Außen sind einige Drehknöpfe und etliche Schalthebel angebracht. Ein Fenster können Thomas, Sebastian, Susanne und Michaela nicht entdecken. Sie finden jedoch eine kleinere, runde Tür, die nur angelehnt ist und sich ohne Schwierigkeiten öffnen läßt. Die beiden Jungs zwinkern sich aufmunternde Blicke zu. Sie fordern sich damit gegenseitig auf einzusteigen. Michaela ist auch gleich dafür, Susanne hat jedoch Angst vor dem ihr unheimlich erscheinenden Kasten. Sie will die anderen vom Einsteigen abhalten, aber Thomas sagt ärgerlich zu ihr: »Sei kein Frosch! Wenn du willst, kannst du ja draußen bleiben!«

Susanne ist über diese Hänseleien, aber auch über ihre Angst so wütend, daß sie beschließt, sich die Angst nicht mehr anmerken zu lassen. Sie denkt sich, wenn ich mir immer wieder leise vorsage: »Angst geht vorbei, Mut wird in mir frei«, dann wird die Angst bestimmt kleiner. Susanne denkt immer wieder an diesen Satz und fühlt sich gleich besser.

Michaela bemerkt beim Einsteigen, daß sie nur schwer durch die kleine Türe paßt. Sie ist zu dick und die anderen müssen sie durch die Einstiegsluke ziehen. Michaela ist dies sehr peinlich, und sie schämt sich. Thomas und Sebastian steigen ebenfalls ein, und alle Kinder setzen sich auf eine Bank, die an einer Wand des Kastens steht. Thomas schließt die Einstiegsluke, und die vier Kinder stellen sich vor, sie befänden sich in einem Raumschiff und würden zu einem in der Nähe gelegenen, verwilderten Park fahren. Plötzlich leuchten rote, grüne und gelbe Lichter auf. Im Raum wird es heller, und es leuchtet eine Tastatur mit den Zahlen 0 bis 20 sowie den Wörtern »vorwärts« und »rückwärts« auf. Die vier Kinder erschrecken sehr. Susanne denkt immer wieder an ihren Satz »Angst geht vorbei, Mut wird in mir frei« und merkt, es geht ihr besser. Sebastian, der eng an Susanne gekuschelt sitzt, zittert leicht. Thomas sagt: »Ich drücke jetzt auf die Tasten ›vorwärts‹ und ›2‹. Mal sehen, was dann passiert.« Michaela, die auch ängstlich und abenteuerlustig zugleich ist, stimmt zu. Thomas drückt und es geschieht gar nichts.

Enttäuscht sitzen alle vier da und beschließen wieder auszusteigen. Sie öffnen die Türe und stehen staunend mit geöffnetem Mund da. Sie sind außerhalb der Höhle und es ist hellichter Tag. Die Sonne scheint, und sie befinden sich in einem gepflegt aussehendem Park. Nach dem Aussteigen fällt es Michaela auf, daß sie ohne Schwierigkeiten durch die Ein- und Ausstiegsluke gelangt. Thomas fallen plötzlich zu zwei schweren Mathematikaufgaben, die er heute als Hausaufgabe nicht lösen konnte, die Lösungswege ein. Warum kam er denn da nicht früher drauf? Die Lösung erscheint ihm jetzt so einfach!

Beim Herumlaufen im Park entdeckt Sebastian eine Statue mit einer Gedenktafel, auf der steht: »Zur Erinnerung an …« Der Junge glaubt seinen Augen nicht zu trauen, als er das daraufstehende Datum liest. Es ist die Jahreszahl des übernächsten Jahres! Als sich Michaela, Sebastian, Susanne und Thomas anblicken, fällt ihnen auf, daß sie alle auch etwas älter aussehen. Thomas kommt eine Idee. Vor Aufregung fängt er an zu stottern: »Das ist eine Zeitmaschine! Die Ziffern 0 bis 20 bedeuten wohl die Jahre, und die Begriffe ›vorwärts‹ und ›rückwärts‹ stehen für die Zukunft und Vergangenheit. Zusätzlich können wir mit der Maschine auch den Ort wechseln. Wir dachten doch alle ganz konzentriert an den verwilderten Park, und so sind wir wohl zwei Jahre in die Zukunft und in diesen Park gereist!« Sebastian fragt, wer denn Veränderungen an sich feststellt. Susanne fällt auf, daß sie keine Angst mehr hat. Sie glaubt, ihr Satz »Angst geht vorbei, Mut wird in mir frei« hat ihr über die Angst hinweggeholfen.

Michaela stellt fest, daß sie abgenommen hat, und Thomas hat keine Probleme mehr mit Mathematikaufgaben. Die vier fragen sich, wie dies geschehen konnte. Sie sind zwar dieselben geblieben, aber irgendwie haben sie sich wohl doch verändert.

Susanne macht nach einer Weile den Vorschlag, in die Vergangenheit zurückzureisen und zu erforschen, was sich dort geändert hat. Die anderen stimmen zu, und alle steigen wieder in die Zeitmaschine ein. Sie einigen sich darauf, ein Jahr in die Vergangenheit zurückzureisen. Als sie die Türe schließen, leuchten wieder alle roten, gelben und grünen Lämpchen auf. Thomas erspäht einen bisher unentdeckten, kleinen Bildschirm, der wie der Bildschirm eines Fernsehgerätes aussieht. Die Kinder schalten ihn ein, drücken die Knöpfe »rückwärts« und »1« und konzentrieren sich fest auf das Zimmer von Thomas. Er ist schnell auf dem Bildschirm sichtbar. Er sitzt an seinem Schreibtisch und hat Mathematikbücher vor sich liegen, in die er ganz vertieft ist. Die vier Reisenden konzentrieren sich dann auf das Zimmer von Michaela. Auch sie erscheint bald auf dem Bildschirm. Michaela steht vor einem großen Spiegel und betrachtet zufrieden ihre Figur im Badeanzug. An der Wand ist eine Wiegekurve zu erkennen, auf die sie fortlaufend ihre Gewichtsabnahme eingezeichnet hat. Daneben hängt ein großes Poster, auf dem viele Gymnastikübungen zu sehen sind. Sebastian ruft laut: »Aha! Ihr habt beschlossen, etwas gegen eure Probleme zu unternehmen. Du, Michaela, hast irgendwann angefangen abzunehmen und du, Thomas, hast mehr Mathematik gelernt. Das ist also des Rätsels Lösung!«

Thomas, Susanne, Sebastian und Michaela würden noch gerne wissen, wie es dazu kam, daß die beiden anfingen, etwas zu verändern. Susanne entdeckt einen Drehknopf, mit dem man in Tage-, Wochen- und Monatsabständen hin- und herreisen kann. Die vier gehen noch neun Monate in die Vergangenheit zurück. Sie sind nur noch drei Monate von ihrem ursprünglichen Reisezeitpunkt, der Gegenwart, entfernt. Sie konzentrieren sich wieder auf Michaelas Zimmer und sehen sie auf dem Bildschirm zusammen mit Susanne auf ihrem Bett sitzen. Michaela ist am Weinen und ganz verzweifelt darüber, daß sie immer wegen ihres Übergewichts gehänselt wird. Susanne tröstet sie und fordert ihre Schwester auf, alle Gründe aufzuzählen, warum sie abnehmen möchte. Anschließend schreiben die beiden Mädchen diese Gründe auf und hängen das Plakat gut sichtbar an die Wand.

Was ist im Zimmer von Thomas zu beobachten? Er ist ärgerlich und gleichzeitig auch traurig, weil er Angst hat, wegen seiner schlechten Mathenote sitzenzubleiben. Er erzählt gerade seinem Freund Sascha davon. Dieser versucht ihn aufzumuntern und schlägt Thomas vor, ab jetzt zusammen mit ihm die Mathehausaufgaben zu machen. Sascha ist sehr gut in diesem Fach. Er gehört mit zu den Besten in der Klasse. Thomas stimmt erleichtert zu und ist froh, einen guten und zuverlässigen Freund zu haben.

Jetzt wissen die vier, wie es zu den Veränderungen kam: Michaela entschloß sich von sich aus, etwas gegen ihr Übergewicht zu unternehmen. Thomas schaffte die Veränderung mit Hilfe seines Freundes Sascha. Und Susanne dachte, mir hilft mein Satz »Angst geht vorbei, Mut wird in mir frei«.

Michaela schaltet den Bildschirm aus und drückt auf die Tasten »rückwärts« und »0«. Die Kinder befinden sich wieder in der Höhle und steigen aus der Zeitmaschine aus. Alles ist wieder wie vorher. Michaela muß sich beim Aussteigen helfen lassen, da sie ihren alten Umfang hat. Sie sind alle glücklich, weil sie wissen, daß sie selbst etwas gegen ihre Probleme unternehmen können, wenn sie es wollen. Diese Veränderungen passieren oft nur in kleinen Schritten und kosten viel Geduld. Aber eine Veränderung ist möglich.

Die vier verlassen die Höhle und beschließen, ihr Geheimnis niemandem zu erzählen. Sie wissen, daß sie jederzeit wieder auf Entdeckungsreise in die Zukunft oder Vergangenheit fahren können.

Nach der Übung

Gespräch:

Wenn du ein Jahr in die Zukunft reisen könntest, gäbe es dann etwas, das du verändert haben möchtest?

Wie kann diese erwünschte Veränderung erreicht werden?

Wer kann bei der Veränderung helfen (Freundin, Freund, Eltern, Lehrer)?

Ankunft

Ziele

Diese Übung kann immer dann eingesetzt werden, wenn jemand zum erstenmal an einem neuen Ort ankommt (zum Beispiel Kuraufenthalt, Jugendgruppe, Beratungsstelle, Krankenhausaufenthalt). Das Kind soll sich noch einmal den Weg von zu Hause und die Ankunft an diesem Ort, seine ersten Eindrücke und das, was es sich vorgenommen hat, verdeutlichen.

Übung

(Die teilnehmenden Kinder sitzen möglichst in einem Sitzkreis.)
Setz dich bequem auf deinen Stuhl und schließe deine Augen. Laß deinen Atem kommen und gehen. Alle Gedanken ziehen aus deinem Kopf hinaus …
Stell dir noch einmal deinen Weg/deine Reise hierher vor: Wie du gepackt hast … wie du dich angezogen hast … wie du dich verabschiedet hast von Eltern, Freunden und anderen wichtigen Menschen in deinem Leben …
Und jetzt stell dir den Weg zu Fuß/mit dem Auto oder mit dem Zug hierher vor …
Welche Gefühle hattest du auf dem Weg hierher? …
Wie bist du hier an diesem Ort angekommen? …
Was war dein erster Eindruck? …
Was hat dir als erstes gut gefallen? …
Und was fandest du weniger gut? …
Stell dir mal vor, du könntest das, was dir nicht so gut gefallen hat, verändern! Was müßtest du tun? …

Was hast du dir vorgenommen für die Zeit, in der du hier bist? …
Was wird noch wichtig sein für dich? …
Was soll für deine Eltern und auch die Geschwister anders sein, wenn du wiederkommst? …

Nun richte deine Aufmerksamkeit wieder auf deinen Atem. Er fließt ruhig und gleichmäßig … Er kommt und geht … Du strengst dich nicht an …
Du wirst gleich wieder deine Augen öffnen, aber vorher strecke dich, atme tief ein und lang aus.
Öffne deine Augen und sei wieder hier.

Nach der Übung

Jedes Kind erhält die Möglichkeit, das, was es während dieser persönlichen Reise erlebt hat, mitzuteilen. Dabei sind keine Kommentare nötig, höchstens Nachfragen bezüglich der ersten Eindrücke und der Ziele, die erreicht werden sollen.

Bei älteren ÜT bietet es sich auch an, die ersten Eindrücke und Ziele in Erzählform (Ich-Perspektive) schriftlich festzuhalten.

Sinnvoll ist es nach einer gewissen Zeit, einen Rückblick zu halten und zu prüfen:
Was hast du erreicht? Wie hast du das gemacht?
Was ist jetzt anders als vorher? Bist du zufrieden?
Was möchtest du noch verändern?

Krisen, Entscheidungen und Veränderungen

Ein Zimmer voller Antworten

Ziel

Klärung eines Problemes, das zur Zeit im Vordergrund steht.

Übung

(ÜT liegen auf einer Unterlage auf dem Boden.)

Leg dich bequem hin und schließ deine Augen. Entspanne dich, indem du gleichmäßig atmest und den Atem durch deinen Körper fließen läßt. Laß dich in den Boden einsinken. Laß alle Gedanken, die dich stören, aus deinem Kopf herausfließen …

Stell dir vor, du liegst auf einer Wiese. Nimm den Geruch der Wiese wahr und schau dich um. Was ist um dich herum? Schau alles an … Jetzt schau in den Himmel.

Beantworte die folgende Frage ganz spontan, ohne viel zu überlegen: »Welches Problem siehst du zur Zeit in deinem Leben? Auf welche Frage hättest du gerne eine Antwort?« Nimm möglichst das erste, was dir einfällt …

Stell dir vor, du stehst jetzt auf und gehst über die Wiese. In der Ferne siehst du einen kleinen Berg, dem du dich langsam näherst … Bald bist du am Fuß des kleinen Berges und bemerkst einen Weg, der in die Höhe führt. Du entschließt dich hinaufzugehen, gemächlich und stetig … Nach einer Weile bist du oben angekommen und befindest dich auf einer Plattform, die mit Gras bewachsen ist und auf der ein sehr altes, weißes Haus steht. Als du näher herankommst, siehst du, daß es nicht bewohnt ist.

Du gehst hinein und stehst in einer Eingangshalle. Du siehst eine geschlossene Tür. Du öffnest sie und befindest dich in einem Raum mit vielen Regalen … In diesen Regalen liegen Papyrusrollen; das sind alte Schriftrollen, auf denen ein Text zu lesen ist. Du gehst an den Regalen mit den Papyrusrollen entlang.

Neugierig nimmst du ein solches altes Schriftstück heraus und rollst es vorsichtig auf. Auf dieser Rolle steht die Antwort auf deine Frage, die du dir vorhin gerade gestellt hast. Nimm dir einige Minuten Zeit zu lesen, was da geschrieben steht. *(Drei Minuten; Leitfragen sind hier manchmal hilfreich: Was mußt du selbst zur Lösung deines Problemes tun? Was wird dann anders sein? Wie wird deine Umgebung reagieren?)*

Nachdem du die Antwort gelesen hast, rollst du die Rolle vorsichtig zusammen, stellst sie ins Regal und verläßt den Raum wieder. Du durchquerst die Eingangshalle und kehrst ins Freie wieder auf die Plattform des Berges zurück.

Langsam gehst du zu dem Weg, der dich diesmal den Berg hinunterführt. Während du wanderst, läßt du noch einmal die Antwort durch deinen Kopf ziehen.

Dann befindest du dich erneut auf der Wiese und gehst zu dem Platz, an dem du zu Anfang schon gelegen hast. Schau dich um, was jetzt um dich herum ist. Hat sich etwas verändert? …

Du legst dich hin und entspannst dich … Atme gleichmäßig …

Spanne jetzt deine Muskeln an und laß sie wieder los. Strecke dich und öffne die Augen.

Nach der Übung

Jeder Übungsteilnehmer schreibt sich seine Frage und auch die Antwort der Papyrusrolle auf.

Danach teilen die ÜT, die es möchten, Frage und Antwort mit.

(Der Übungsleiter kann bei noch unspezifischen Antworten folgende Fragen stellen: Was ist jetzt anders, nachdem du eine Antwort auf dein Problem erhalten hast? Warum hat es bisher nicht geklappt, dein Problem zu lösen? Worin lag vielleicht der Vorteil, wenn sich bisher nichts geändert hat?)

Ein Marienkäfer schlüpft aus (eine Vorlesegeschichte)

Ziel

Die Geschichte soll verdeutlichen, daß Entwicklungen oft schwerfallen und mit Mühen verbunden sind. Hinweis: Das Geschlecht der Hauptperson sollte nach dem Geschlecht des ÜT gewählt werden. Hier ist die weibliche Form gewählt.

Geschichte

(Die ÜT setzen sich bequem hin.)
Eine Freundin erzählte mir neulich folgendes Erlebnis:
»Ich ging mit einer guten Freundin im Park spazieren. Ich mag unsere gemeinsamen Spaziergänge, weil sie immer viel in der Natur entdeckt, was ich oft übersehe. Zum Beispiel eine besondere Grasart hier oder einen interessant gewachsenen Baumstamm dort. Auch in ihrem Zimmer hatte sie manchmal ungewöhnlichen Besuch. Einmal hing eine Fledermaus an der Zimmerdecke, ein andermal baute eine Wespe ihre Behausung im Vorhang.
Heute roch sie den Duft von Lindenblüten. Auf der Suche nach diesen Bäumen im Park machte sie mich auf kleine, dunkle, eingetrocknete und rauh aussehende Gebilde

auf den Blättern eines großen Baumes aufmerksam. Es waren eingepuppte Larven von Marienkäfern. Gemeinsam suchten wir nach leeren Hüllen und gerade ausgeschlüpften Marienkäfern. Gespannt beobachteten wir, wie sich eine Hülle leise und langsam öffnete. Mühsam versuchte ein kleiner Käfer herauszukriechen. Es war ihm anzusehen, daß es ihm schwerfiel, die harte Hülle so weit auseinanderzubekommen, daß er sich hindurchquetschen konnte. Dann endlich hatte er es geschafft. Der neue Marienkäfer hatte sechs Beine, sieben Punkte auf seinen roten Flügeln und zwei Fühler am Kopf. Unsicher saß er auf dem Blatt und mußte sich von den Anstrengungen erst einmal ausruhen. Dann faßte er wohl allen Mut zusammen und flog in eine unsichere Welt hinein. Die Lindenbäume hatten wir zwar nicht gefunden, dafür aber ein Stück Leben in der Natur beobachten können.«

Gespräch:

Fielen dir bisher Veränderungen in deinem Leben leicht oder schwer? Zum Beispiel Schulwechsel, Verlust von Freund(inn)en, Trennung der Eltern, Geburt eines Geschwisters, Umzug, Berufswahl.

Welche Erfahrungen hast du mit solchen Veränderungen? Sind sie nur schmerzlich, oder bringen sie auch neue Möglichkeiten in dein Leben?

Hast du schon einmal neues Leben in der Natur entstehen sehen?

Ein unangenehmes Gefühl verändern

Ziele

Der ÜT lernt seine Gefühle wahrzunehmen und als veränderbar zu betrachten. Das heißt, er wird nicht wie ein hilfloses Objekt von einem Gefühl überfallen, sondern kann es aktiv verändern. Dies ist besonders wichtig bei unangenehmen, belastenden (depressiven) Gefühlen. Die sich bewegende Figur aus der folgenden Übung steht für eine Veränderungsdynamik und soll gemeinsam mit dem ÜT übersetzt werden in eine Handlungsrichtung, in den Weg, der zu gehen ist, um aus dem unangenehmen Gefühl zu einem neuen zu kommen.

Vorbereitung

Die ÜT liegen oder sitzen bequem. Vorbereitet sind DIN-A3-Blätter und Malkreide oder Wachsmalstifte.

Übung

Schließe deine Augen und entspanne dich. Atme tief ein und langsam aus … Spüre nun dein unangenehmes oder belastendes Gefühl. Stell dir vor, wie es in dir, in deinem Körper ist …

Stell dir nun vor, du könntest dein unangenehmes Gefühl in einen Krug füllen …

Nimm nun diesen Krug und gieße mit der Hälfte des unangenehmen Gefühles, das darin ist, eine Form, zum Beispiel einen Gegenstand, eine Pflanze oder ein Tier … Stell dir diese gegossene Form auch farbig vor …

Nimm einmal an, daß du dein unangenehmes Gefühl, das du in dir spürst, verändern könntest, indem du etwas tust, aktiv bist. Um herauszufinden, was du tun kannst, greife wieder zu dem Krug und laß die zweite Hälfte des unangenehmen Gefühls wieder herausfließen, zu einer Figur, die sich bewegt, also zu einer aktiven, handelnden Form, die ein Gegenstand, eine Pflanze, ein Tier sein kann … Auch dieser neuen, sich bewegenden Form gib eine Farbe … Laß die Figur sich nun bewegen … Was tut sie? … Schau dir die beiden gegossenen Formen noch einmal an, vergleiche, was anders ist …

Nun achte auf deinen Atem. Laß ihn kommen und gehen. Spüre, wie du dich im Moment fühlst … Hat sich etwas im Vergleich zum Anfang dieser Übung verändert? …

Öffne deine Augen wieder, strecke dich, wenn du willst, und sei wieder hier.

Nach der Übung

Jeder ÜT malt nun die Form auf, die das unangenehme Gefühl angenommen hat, und auf die Rückseite des Blattes jene sich bewegende Form, in die sich das unangenehme Gefühl verwandelt hat.

Im Kunstunterricht können die beiden Formen auch modelliert werden, zum Beispiel aus Ton.

Danach ist es notwendig, zu besprechen, was die beiden Formen bedeuten: Wie die erste das Leben lähmt und die zweite Freude und Handlungsfähigkeit zuläßt. Wichtig ist, konkret herauszufinden, was wem gegenüber gesagt und getan werden muß, um von dem unangenehmen Gefühl zum aktiven zu kommen. Leitlinien des Gespräches sind die aufgemalten Formen/Symbole.

Aro lernt sich konzentrieren (eine Vorlesegeschichte)

Ziele

Konzentrationsprobleme sind heute weit verbreitet. Mit dieser Geschichte kann der Zuhörer lernen, sich als verantwortlich für seine Konzentrationsprobleme zu betrachten. Mit Hilfe seiner Vorstellung und mit dem Mittel der Selbstinstruktion lernt er, seine Energie, Aufmerksamkeit und Kraft zu bündeln und zur Verfügung zu haben.

Geschichte

(Die Zuhörer sitzen oder liegen bequem, möglichst mit geschlossenen Augen.)
Jeder kennt dieses Gefühl, sich auf nichts konzentrieren zu können, weder auf die Schulaufgaben noch auf das Lesen eines Buches noch auf ein Spiel mit einem Freund. Du fühlst dich fahrig, irgendwie hin- und hergerissen …
Stell dir vor, es gibt einen besonderen Computer, den nur du besitzt und den du zu Hause gut verpackt hast. Du benutzt ihn nur in solchen Situationen, in denen du Hilfe brauchst.

93

Du holst ihn herbei und packst ihn aus. Du setzt dich vor ihn und weißt, wenn du jetzt deine Frage eintippst, wirst du in eine andere Zeit versetzt. In eine Zeit, in der ein Junge deines Alters eine Situation meistert, die für dich momentan noch schwierig ist … Du bist bereit und tippst ein: »Wie kann ich mich besser konzentrieren?« …

Der Computer blinkt einige Male auf, und plötzlich befindest du dich in einer anderen Zeit und Umgebung. Überall ist es grün. Statt Häuser gibt es kleine Hütten aus Ästen, Stroh und Lehm gebaut … Du bist in die Steinzeit versetzt, in jene Zeit, in der es bereits Hütten gibt. Es ist Sommer. Überall laufen Menschen in dem Steinzeitdorf herum. Sie sind mit Fellen bekleidet. Die Menschen versammeln sich auf dem Dorfplatz. Sie stellen sich in Reihen auf und ziehen aus dem Dorf hinaus … Heute ist ein wichtiger Tag. Jedes Jahr wird an diesem Tag in einer großen Höhle vom Zauberer des Dorfes ein Bild an eine Wand gemalt. Es ist immer das Bild eines Tieres, das die Steinzeitmenschen jagen. Alle glauben, daß durch dieses Gemälde die großen Götter gütig gestimmt werden und dafür sorgen, daß genügend Tiere gejagt werden können.

Nun sind alle vor einem großen Stein angekommen, der den Eingang der Höhle verschließt. In der Mitte des Steines ist eine kleine Öffnung, in der ein rot angemaltes Holzstück steckt. Es ist der Riegel. Dieser Riegel muß aus einer beträchtlichen Entfernung mit einem Pfeil getroffen werden. Dann fällt er nach innen und das Steintor öffnet sich automatisch.

In diesem Jahr wird Aro, ein Steinzeitjunge, ausgewählt, auf den Riegel zu schießen. Er tritt nun vor die Versammelten und schaut zum Steintor. Er weiß, welche Verantwortung auf ihm lastet. Wenn er sein Ziel verfehlt, wird er nicht als Jäger aufgenommen und allen Dorfbewohnern droht der Hunger.

Er muß es schaffen. Der älteste Jäger des Dorfes reicht ihm einen schweren Bogen mit einer stark gespannten Tiersehne. Der Junge, der im letzten Jahr als Jäger aufgenommen wurde, reicht ihm den Pfeil. Er kann sein Ziel nur treffen, wenn er alle seine Sinne, seine ganze Aufmerksamkeit auf das Ziel richtet und auf den Schuß.

Er will sein Ziel treffen. Aro ahnt, daß er unendlich viel Kraft bekommen wird, wenn das rote Holz vom Pfeil durchs Loch getrieben wird. Er will Jäger werden. Er will, daß alle zu essen haben. Wenn er durch seinen Schuß dafür sorgt, wird ihn dies mit Stolz und Energie erfüllen.

Er legt den Pfeil auf den Bogen, spannt ihn und denkt einen Satz, der ihm helfen soll: »Hat der Pfeil sein Ziel geschafft, bin ich ruhig und voller Kraft!«

Aro sieht jetzt nur noch das rote Holzstück. Er läßt los. Der Pfeil schießt in das Holz und treibt es nach innen in die Höhle. Ein erlösender Aufschrei geht durch die erstarrte Menge, die sich jetzt bewegt. Das Steintor zittert und knirscht. Es rollt langsam auf kleineren Steinen … Jetzt ist es auf.

Aro ist voller Kraft und Freude, ja, er ist glücklich. Du kannst es ihm gut nachfühlen. Alle gehen ehrfürchtig in die Höhle. Einige tragen Fackeln. Man sieht die in früheren Jahren gezeichneten Tiere aus roter, brauner und schwarzer Farbe.

Der Zauberer tritt vor und malt ein Kunstwerk auf eine freie Felswand. Nur er darf dies tun. Alle staunen und stehen so lange, bis das Gemälde fertig ist. Diesmal ist es ein Mammut. Die Jäger wollen vor diesem Winter ein Mammut erlegen.

Nachdem alle wieder draußen sind, braucht es viele Männer, um das Steintor vor die Öffnung zu schieben. Nun tritt der Zauberer auf Aro zu und übergibt ihm feierlich einen kostbaren Bogen und einen Köcher mit Pfeilen …

Aro weiß, daß er in Zukunft immer dann, wenn er etwas Wichtiges tun will, wozu er alle Kräfte, alle Konzentration braucht, diesen Satz denken wird: »Hat der Pfeil sein Ziel geschafft, bin ich ruhig und voller Kraft!«

Verabschiede dich nun von den Menschen in der Steinzeit …

Das Bild, das du siehst, wird blasser … Und jetzt sitzt du wieder vor deinem Computer. Du packst ihn ein und stellst ihn weg.

Du weißt, daß auch du dich so konzentrieren kannst wie Aro, wenn du willst.

Nach der Übung

Die ÜT schildern Situationen, in denen sie häufig Konzentrationsprobleme haben. Jeder findet für sich einen passenden Satz, der in Zukunft helfen soll.

(Chronische) Krankheiten und Behinderungen

Ballonflug

Ziele

Die Übung dient dazu, sich mit den erlebten krankheitsbedingten Einschränkungen auseinanderzusetzen und neue Bewältigungsstrategien zu erarbeiten.

Übung

(Die ÜT setzen sich bequem hin und schließen die Augen.)

Stell dir vor, es ist abends und du liegst in deinem Bett. Du schließt die Augen, döst eine Weile und gleitest schnell in einen Zustand zwischen Wachen und Schlafen. Du hast nun einen angenehmen Traum: Es ist ein warmer Sommertag, und du schwebst in einem großen Ballon über die Erde … Immer höher … und höher … und du siehst, wie unter dir alles kleiner wird: die Wiesen und Felder, Dörfer und Städte und was du sonst noch erkennen kannst. Du fühlst dich frei und losgelöst, aber gleichzeitig auch sicher von dem Ballon getragen.

Du denkst an deine Krankheit *(namentlich nennen, zum Beispiel Diabetes)* und überlegst, was sich durch sie für dich im Leben geändert hat: in deinen Freizeitaktivitäten … in der Schule … in deinem Freundeskreis … Vielleicht hat sich auch etwas in der Familie verändert? … Haben die Eltern mehr Angst um dich und lassen dich

96

nicht mehr so unbesorgt weggehen, wenn du es möchtest? Fragen sie häufiger nach, wie es dir geht? Brauchst du mehr Hilfe von den Eltern? Wie geht es dir dabei?

Nun überlegst du, welche drei Veränderungen dich am stärksten belasten oder bedrücken …

An deinem Korb hängen drei große und schwere Sandsäcke, die den Flugballon auf seiner jetzigen Höhe halten. Du stellst dir jetzt vor, du würdest die drei belastendsten Veränderungen in diese Sandsäcke packen *(Zeit geben)*. Dann schneidest du einen nach dem anderen los und beobachtest, wie sie in die Tiefe fallen … Du fühlst dich leichter und unbeschwerter. Du genießt den schwerelosen Flug über wechselnde Landschaften … und suchst dir nun ein sicheres Plätzchen zum Landen …

Du öffnest die Augen, dehnst und streckst dich.

Nach der Übung

Malen der Sandsäcke mit Inhalt.

Besprechen:

Was wurde in die Säcke hineingepackt?

Was würden andere Bezugspersonen für den ÜT hineinpacken (Vater, Mutter, Freund/in, Lehrer usw.)?

Welche Veränderungen traten durch die Krankheit im Leben ein (Freizeit, Schule, Berufspläne, Familie, Freundeskreis, bei Jugendlichen auch Sexualität)?

Auf was muß durch die Krankheit ganz verzichtet werden?

Was kann nur mit äußerer Unterstützung oder eingeschränkt ausgeführt werden?

Werden in Zukunft manche Dinge wieder einfacher für dich?

Was kann trotz Krankheit genauso wie vor der Erkrankung ausgeführt und ausgelebt werden?

Kannst du die Krankheit als einen Teil von dir akzeptieren, der noch einige Zeit oder immer zu dir gehören wird?

Gespräch mit der Krankheit

Ziel

Die ÜT sollen sich ihrer Einstellung und Gefühle der Krankheit gegenüber bewußter werden.

Übung

(Bequem hinsetzen und die Augen schließen. Wenn sich derjenige, mit dem die Übung durchgeführt wird, nicht als »krank« erlebt, ist es besser, jeweils die Bezeichnung der Krankheit zu nennen als das Wort »Krankheit«. Also beispielsweise dein »Diabetes« anstatt deine »Krankheit«.)

Stell dir vor, du bist in einem Museum. Du läufst herum und betrachtest einiges, was dich interessiert. Nun bist du an einem halbdunklen Gang angelangt. Gespannt gehst du ihn entlang (*oder:* fährst du ihn mit dem Rollstuhl entlang) und kommst in einen besonderen Raum.

Außer dir ist niemand anwesend, und du möchtest die Ruhe und Stille um dich herum genießen. In der Mitte des Raumes entdeckst du einen verhüllten Gegenstand. Du wunderst dich, wieso er verdeckt ist, da sonst alles offen zu sehen ist. Du betrachtest, was du an den Wänden erkennen kannst … Vielleicht steht auch etwas im Zimmer … Wie wirkt der Raum auf dich?

Du sitzt oder stehst nun direkt vor dem verhüllten Etwas und ziehst gespannt das Tuch ab. Du bist erstaunt, als du erkennst, was du nun vor dir siehst: Es ist deine Krankheit *(am besten namentlich bezeichnen, zum Beispiel Asthma)*. Wie ist dir zumute?

Du betrachtest genauer, was du vor dir siehst. Welche Form hat die Krankheit? … Welche Größe? … Wie ist die Farbe und woraus besteht sie? … Ist es ein weiches oder hartes Material? … Wie fühlt sich die Oberfläche an? … Laß dir Zeit und betrachte die Krankheit von allen Seiten …

Die Krankheit fängt plötzlich an, mit dir zu sprechen. Sie fragt nach, ob es etwas gibt, was du ihr sagen möchtest. Du überlegst … und dann fällt dir einiges ein. Deine Krankheit antwortet dir und ihr unterhaltet euch eine Weile … über deine Gedanken … Wünsche … und Gefühle, zum Beispiel Ärger und Traurigsein …

Nachdem ihr euch ausgetauscht habt, schweigt deine Krankheit. Du legst das Tuch über sie und gehst (*oder:* fährst mit dem Rollstuhl) zur Zimmertüre und dann den halbdunklen Gang zurück …

Öffne nun deine Augen und strecke dich kräftig.

Nach der Übung

Die Krankheit malen, ihr eine Form geben. In dieses Bild sollen alle Gefühle gemalt werden, die mit der Erkrankung zusammenhängen; möglichst in verschiedenen Farben und die Bezeichnung dazuschreiben.

Daneben alles aufschreiben, was zur Krankheit gesagt wurde. Wie lauteten deren Antworten?

Mein Tagebuch

Ziele

Die Übung dient dazu, das Krankheitsmodell des Erkrankten, seine Erklärungen, sein Wissen um die Krankheit sowie den vermuteten Krankheitsverlauf zu erfassen. Somit wird auch deutlich, wo eventuell noch Wissensvermittlung nötig ist. Andererseits können auch Ängste im Zusammenhang mit dem weiteren Krankheitsverlauf besprochen werden.

Übung

(Bequem hinsetzen und die Augen schließen.)

Stell dir vor, du bist allein zu Hause. Du weißt nicht so recht, was du unternehmen könntest und kommst auf die Idee, in Schubladen nachzuschauen, ob du etwas Interessantes findest. Dabei entdeckst du ein Buch mit deinem Namen. Du bist gespannt, was darin steht, da du es noch nie gesehen hast.

Als du die ersten Seiten durchblätterst, bemerkst du, daß es ein Buch über dein bisheriges Leben ist. Du weißt nicht, wer es geschrieben hat, aber die Person scheint dich gut zu kennen. Du blätterst und liest eine Weile darin und findest nun die Stelle, an der beschrieben ist, wie deine Krankheit entstanden ist, was dabei mit deinem Körper geschah … Hier steht auch, ob die Krankheit für andere ansteckend ist oder nicht.

Du blätterst weiter und liest nach, was sich durch die Krankheit verändert hat … Änderungen, die du an deinem Körper wahrgenommen hast … in deinem Freundeskreis … in deinen Freizeitaktivitäten … in der Familie … vielleicht auch in bezug auf deine Geschwister? … Wie sieht es in der Schule oder im Beruf aus? … Im Sport? …

Du bist nun am Ende des Geschriebenen angelangt. Die Ereignisse sind bis zum heutigen Tag sorgfältig eingetragen worden. Du überlegst, was in einem Jahr in diesem Buch steht: Wie wird sich deine Krankheit bis dahin weiterentwickelt haben? ... Welchen Einfluß wird dies auf deine Freunde, Schule oder Beruf, deine Hobbys, die Familie usw. haben? *(Zeit geben.)* Beim Zuklappen des Buches siehst du, daß auf der allerletzten Seite ein Satz steht. Du liest ihn und merkst, daß er eine wichtige Botschaft für dich enthält. Wie heißt der Satz? ... Du legst das Tagebuch wieder in die Schublade und schließt sie.

Öffne jetzt deine Augen, atme tief ein und aus und strecke und räkle dich, so wie morgens nach dem Aufwachen.

Nach der Übung

Gespräch:

Welche Krankheitserklärung und welche damit verbundenen Phantasien liegen vor? Sind sie realistisch? Gibt es Wissenslücken? Eventuell einen Fragezettel erarbeiten, auf dem Fragen stehen, die der Arzt beantworten kann. Den Arztbesuch unter Umständen im Rollenspiel durchspielen, wenn dahin gehend Unsicherheiten vorliegen.

Wie erklären sich andere die Krankheitsentstehung (über Vermutungen sprechen)? Wie können andere Menschen richtig über die Krankheit informiert werden?

Wird die Krankheit als etwas Auferlegtes (Schicksal, Prüfung) oder als etwas Beeinflußbares erlebt?

Wird der Krankheitsverlauf positiv oder negativ gesehen? Mit welchen Konsequenzen? Oder wird dieses Thema ausgeklammert?

Päckchen auspacken

Ziel

Die Übung soll Hilfen bei der Krankheitsbewältigung verdeutlichen.

Übung

(Bequem hinsetzen oder hinlegen und die Augen schließen.)

Stell dir vor, du liegst im Bett und wachst frühmorgens als erster auf. Vor deinem Bett steht ein großer Korb mit vielen Päckchen. Du weißt nicht, wer ihn dorthin gestellt hat, du bist aber gespannt, was darin eingepackt ist. Manche Päckchen sind größer, andere kleiner. Sie sind sorgsam in verschiedenfarbiges Papier eingepackt: in rotes, blaues und gelbes.

Nun erblickst du einen Zettel. Du nimmst ihn und liest folgendes:

»Durch deine Krankheit ist einiges in deinem Leben anders als bei gesunden Kindern oder Jugendlichen in deinem Alter. Bei manchen Sachen brauchst du mehr Geduld, mußt vielleicht auch Regeln und Grenzen beachten *(am besten konkretisieren, zum Beispiel Spritzen nach bestimmten Zeitplänen beim Diabetiker, Inhalieren zu bestimmten Zeiten beim Asthmatiker)* … Trotzdem mußt du nicht auf alles verzichten, wenn du auch manches nur mit Einschränkungen machen kannst.

In jedem Päckchen dieses Korbes ist eine Sache eingepackt, die dir hilft, mit deiner Krankheit besser fertig zu werden. In den roten Päckchen befindet sich etwas aus deinem Freundeskreis … Nimm eines und sieh nach, was du darin findest … In den gelben sind Unterstützungen, die du in der Familie findest. Nimm auch ein gelbes Päckchen und packe es aus … Packe nun ein blaues aus. Darin findest du eine Sache aus deinen Freizeitaktivitäten, die dir auch Kraft gibt.« …

Nun ist der Zettel zu Ende.

Du stellst die ausgepackten Dinge vor dich hin, betrachtest sie noch einmal genau und überlegst, wie sie dir helfen, mit der Krankheit besser umzugehen. Dann legst du sie wieder in den Korb, legst dich gemütlich hin und döst noch eine Weile …
Öffne nun deine Augen und strecke dich kräftig.

Nach der Übung

Gespräch:
Was wurde ausgepackt?
Inwiefern sind diese Dinge bei der Krankheitsbewältigung hilfreich?
Eventuell ein Bild dazu malen oder eine Collage anfertigen.

Begegnung und Kontakt mit anderen

Im Kapitel *Begegnung und Kontakt mit anderen* rücken wir die Begegnung mit einem oder mehreren Menschen in den Mittelpunkt. Die Wahrnehmung, wie wir uns in Kontaktsituationen fühlen, ist der Ausgangspunkt, von dem aus neues Konfliktlöseverhalten erprobt werden kann. Voraussetzung, um sich selbst im Kontakt mit dem anderen nicht zu verlieren und ein Wechselspiel von Geben und Nehmen zu erreichen, ist, die eigenen Grenzen in der Begegnung zu erleben und zum eigenen Ich zu stehen. Unterschiede zum anderen können als unverwechselbare Individualität begriffen werden, als ein Schatz, den es zu bewahren gilt.

Hier haben wir Phantasiereisen entwickelt, die zwar meist in der Gruppe durchgeführt werden, die aber doch jeder für sich erlebt (zum Beispiel »Mein Rucksack«). Es gibt ferner Übungen, die eine Körpererfahrung zum Thema haben, den Kontakt zur eigenen Mitte ermöglichen und dann eine Begegnung in der Gruppe anschließen (zum Beispiel »Die Schutzkugel«), wie auch Übungen, die gruppendynamisch geprägt sind und neue Kontaktwege eröffnen helfen (zum Beispiel »Beziehungsklärung dreifach«).

Was ist los im Kontakt mit anderen?

Begegnungen im Hier und Jetzt

Fühlen in Zeitlupe

Ziele

Die ÜT können lernen, bei jeder neuen Begegnung zu fühlen, wie es ihnen mit dem Gegenüber geht. Davon ausgehend können sie ihr Gefühl verbal oder nonverbal ausdrücken. Diese Handlungen sollen charakteristisch sein für die in diesem Moment bestehende Beziehung zum Gegenüber.

Übung

(Die ÜT gehen im Raum umher. Geben Sie nun folgende Anweisungen:)
Du gehst für dich im Raum umher, ohne die anderen anzusehen. Achte nur darauf, daß du niemanden anstößt …
Nun verlangsame dein Tempo, gehe im Zeitlupentempo weiter. Versuche diese Langsamkeit zu genießen … Schau die Menschen kurz an, denen du im Vorbeigehen begegnest …
Bleibe jetzt vor der Person stehen, die dir am nächsten ist … Stell dich der Person gegenüber auf und achte darauf, daß dir der Abstand angenehm ist. Er sollte so sein, daß du nicht zu weit weg stehst und auch nicht zu dicht. Schließ jetzt einen Moment die Augen und beobachte deinen Atem …

Öffne nun die Augen wieder und schau dein Gegenüber an. Laß dein Gegenüber auf dich wirken. Versuche auch in Zeitlupe dein Gefühl zu spüren und zu erkunden, wo es sich in deinem Körper befindet …

Drücke nun deinem Partner gegenüber dein Gefühl in Form einer Geste oder Handlung oder Körperbewegung aus. Tu dies in Zeitlupe *(zum Beispiel eine Hand auf die Schulter des Gegenübers legen oder eine kleine Verbeugung machen).* Wichtig ist, daß deine Bewegung deinem Gefühl entspricht. Berühre dein Gegenüber nur, wenn du wirkliche Nähe spürst, nicht weil du dich verpflichtet fühlst … Und nun sprich in Zeitlupe ein Wort aus oder auch einen Satz, der dein Gefühl zu deinem Partner widerspiegelt …

So, jetzt verabschiede dich mit deinen Augen von deinem Partner und gehe weiter in Zeitlupe im Raum umher … *(Dieses Experiment wird noch einige Male wiederholt.)*

Such dir nun einen Platz im Raum, wo du alleine bist … Setz dich hin, schließ deine Augen und laß deine Begegnungen und die damit verbundenen Gefühle noch einmal an dir vorüberziehen …

Entscheide dich jetzt spontan für einen Partner, mit dem du deine Erfahrungen besprechen möchtest …

Öffne deine Augen und gehe auf den Wunschpartner zu.

Nach der Übung

Die Paare suchen sich einen Platz und sprechen abwechselnd jeweils fünf Minuten über ihre Erfahrungen.

Folgende Fragen können hilfreich sein:

Was war der Unterschied zu meinen sonstigen Begegnungen?

Empfand ich mich echter? Habe ich die anderen echter erlebt?

Diese Übung kann gut im Rahmen einer Theater-AG eingesetzt werden. Eine Videoaufzeichnung mit Nachbesprechung bietet sich an.

Mein Rucksack

Ziele

Die Übung soll bewußt werden lassen, welche Bereiche im Leben wichtiger und welche weniger wichtig sind. Weiterhin soll herausgestellt werden, welche Bezugspersonen Ansprechpartner für die einzelnen Bereiche oder Themen sind.

Übung

(Die ÜT setzen oder legen sich bequem hin und schließen die Augen.)
Stell dir vor, du machst eine Tageswanderung. Auf deinem Rücken trägst du einen Rucksack. Du bist früh aus dem Haus gegangen, und dein Weg führt dich über Wiesen und Felder … Nun läufst du an einem Bach entlang; das Wasser ist ganz klar. Im Bach liegen Kieselsteine und einige Fische huschen durch das erfrischende Wasser. Du beschließt dem Bach zu folgen und bist gespannt, wohin er dich führt … Du kommst zu einem Waldstück. Als du es durchquerst, hörst du das Laub unter deinen Füßen rascheln, und einige Vögel zwitschern ein fröhlich klingendes Lied. Du läufst quer durch den Wald eine Anhöhe hinauf und gelangst an eine friedlich aussehende Lichtung … Um auszuruhen, setzt du dich auf die Wiese und stellst deinen Rucksack neben dich ins Gras.
Es ist ein besonderer Rucksack. Du hast nichts zu essen oder zu trinken eingepackt. Du öffnest ihn jetzt und siehst viele Päckchen, einige sind groß, andere sind klein. In jedem Päckchen ist ein Teil von dir. Es sind wichtige, aber auch unwichtigere Dinge eingepackt … Bestimmte Erlebnisse in deinem Leben … angenehme, aber auch unangenehme … Etwas, auf das du stolz bist, aber auch Dinge, für die du dich schämst … Sachen, die du an dir magst, aber auch andere, die du nicht magst … Gefühle, die

du gerne hast, aber auch welche, die du nicht magst … Blicke nun eine Weile für dich in deinen Rucksack und schaue in die einzelnen Päckchen hinein … Wenn du willst, kannst du auch etwas auspacken und genauer betrachten *(Zeit geben)*.

Nun packe wieder ein, was du einpacken möchtest, und schließe dann deinen Rucksack … Du ruhst dich noch eine Weile aus … und öffnest nun deine Augen und streckst dich ganz kräftig.

Nach der Übung

Gespräch:

Bei der Aufarbeitung ist es wichtig, auf die symbolhafte Bedeutung der Päckcheninhalte zu achten!

Wurde alles wieder eingepackt oder etwas weggelassen?

Ist der Rucksack voll gefüllt, oder ist Platz für Neues?

Wer darf in den Rucksack blicken? Wer darf in bestimmte Päckchen sehen?

Gibt es auch Bereiche, zu denen kein Außenstehender Zugang hat?

Du sollst … du darfst nicht …

Ziele

Die Kinder und Jugendlichen sollen für sich entscheiden, welche Anweisungen ihrer Eltern sie für nötig, sinnvoll und hilfreich erachten und welche Anweisungen, Befehle, Ge- und Verbote sie für unsinnig halten und wie sie auf letztere künftig reagieren wollen.

Übung

(Die Kinder sitzen oder liegen bequem.)

Diese Phantasiereise ist dazu da, herauszufinden, welche von den Anweisungen, die dir deine Eltern geben, du für dich als hilfreich empfindest und welche dir lästig sind.

Stell dir nun einmal deine Mutter vor, so wie du sie oft erlebst, in der Küche, im Wohnzimmer oder vielleicht in deinem Zimmer ... Welche Kleidung hat sie an? ... Nun stell dir ebenso deinen Vater vor ...

Überlege nun, wer von beiden dir am häufigsten sagt, was du tun sollst und was du nicht darfst ...

Jetzt stellst du dir noch einmal deine Mutter oder deinen Vater vor, je nachdem, für wen du dich entschieden hast ... Laß deine Mutter oder deinen Vater in deiner Phantasie jetzt zu dir sprechen, so wie du es schon oft erlebt hast, laß die Sätze, die sie sagen, anfangen mit »Du sollst ...« *(zum Beispiel »zuerst deine Hausaufgaben machen«)* und mit »Du darfst nicht ...« *(zum Beispiel »Du darfst heute nicht fernsehen«)* ...

Nun verabschiede dich langsam von deiner Mutter oder deinem Vater ...

Öffne die Augen wieder.

Nach der Übung

Anweisungen, die ich nicht mehr hören will:

Jeder ÜT schreibt die in der Phantasiereise gehörten Sätze auf. Danach streicht jeder jene Sätze durch, die er nicht mehr hören will. Die Sätze, die er als sinnvoll erachtet, bleiben stehen.

In dieser Phase liest ein Teilnehmer seine Sätze vor, die er nicht mehr als sinnvoll erachtet. Der Übungsleiter achtet darauf, daß Begründungen genannt werden:

Zum Beispiel, daß die Sätze nicht mehr gebraucht werden (der ÜT fühlt sich selbstverantwortlich), nicht als hilfreich empfunden werden, daß der ÜT darunter leidet, verletzt ist und/oder mit Trotz reagiert.

111

Dem Übungsleiter fällt weiterhin die Aufgabe zu, darauf zu achten, daß aus der Sicht der Eltern notwendige Anweisungen als solche erkannt werden. So ist es bei kleineren Kindern durchaus wichtig, daß die Eltern sagen: »Zieh dir eine Jacke an!«
Ebenfalls sind Gebote wichtig, die dafür sorgen, daß das Leben des Kindes nicht bedroht ist (zum Beispiel Verkehrsregeln).

Mutter oder Vater verstehen – hilfreiche Regeln:
Ein Teilnehmer liest die Anordnungen der Eltern vor, die ihm hilfreich erscheinen beziehungsweise die er akzeptiert.
Dies kann vielleicht schwierig sein, da die Sätze tendenziell abgelehnt werden. Hier hat es sich als hilfreich erwiesen, sich in die Rolle des entsprechenden Elternteiles zu versetzen und alle Sätze nacheinander einem anderen Kind vorzulesen oder besser frei vorzusprechen mit Mimik und gestischer Haltung des entsprechenden Elternteiles (wenn eine Kleiderkiste vorhanden ist, sollte das Rollenspiel in Verkleidung geschehen).
Das zuhörende Kind überlegt nun, ob es einen Satz dabei als hilfreich empfindet, und kann auch über seine Gefühle sprechen.
Das Kind, das den Satz vorliest, äußert sich dazu und bezieht die Meinung des anderen mit ein.

Meditation zu zweit

Ziele

Dic ÜT können lernen, ein Gegenüber auf sich wirken zu lassen. Danach kann eine Interaktion auf der Grundlage erfolgen, den Partner mit voller Aufmerksamkeit aufgenommen zu haben.

Übung

(Die Partner sollen sich im Raum verteilen.)
Schau dich um und wähle dir einen Partner aus. Setz dich dann deinem Partner gegenüber auf einen Stuhl. Wähle den Abstand bewußt aus, rücke den Stuhl vor oder zurück, bis du das Gefühl hast, der Abstand zu deinem Gegenüber stimmt so …
Nun schließe deine Augen und spüre dich, wie du auf dem Stuhl sitzt, wie du atmest … Nimm deine Gedanken oder die Bilder, die in dir auftauchen, wahr und laß sie aus deinem Kopf hinausziehen … Ich werde dich gleich auffordern, die Augen zu öffnen. Dann schau dir nur das Gesicht deines Gegenübers an, ohne zu sprechen …
Nun öffne deine Augen und schau in das Gesicht deines Gegenübers. Schau dir alles genau an. Schenke diesem Gesicht deine ganze Aufmerksamkeit. Laß es auf dich wirken … Wenn du schmunzeln mußt, ist das nicht schlimm. Versuche dich aber weiterhin auf das Gesicht des anderen zu konzentrieren. Nun schließe deine Augen wieder. Stell dir nun das Gesicht deines Gegenübers vor … Was siehst du deutlich und was nicht? … Öffne nun wieder deine Augen und schau in das Gesicht deines

Gegenübers, aber versuche nun zu erfahren, was das für ein Mensch ist. Was hat er wohl für verschiedene Seiten? Was mag er wohl gerade fühlen? Wie wirkt dein Gegenüber auf dich? ...

Nun schließe deine Augen wieder. Was hat den stärksten Eindruck auf dich gemacht? ...

Wenn du nun gleich wieder die Augen öffnest, sollt ihr beide etwas miteinander tun. Überlege dir, was du gerne mit deinem Partner tun möchtest ... Möchtest du erzählen, was du beim Betrachten erlebt hast? Vielleicht möchtest du auch ein Lied mit ihm gemeinsam singen oder etwas malen oder musizieren?

Nun öffne deine Augen und mach deinem Partner einen Vorschlag. Einigt euch und führt ihn aus.

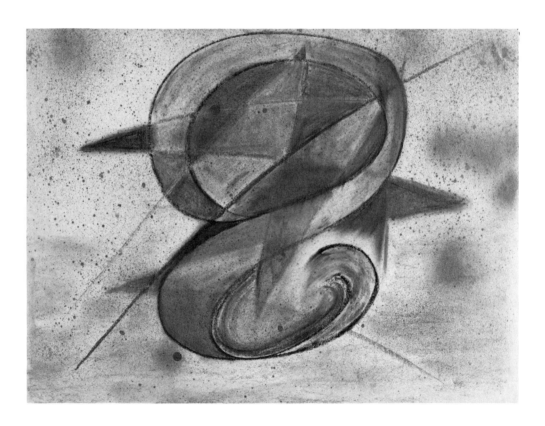

Nach der Übung

Die Partner berichten, was sie während der Partnermeditation erlebt und was sie anschließend miteinander getan haben.

Wichtig ist, daß die Gefühle und das Partnerverhältnis vor und nach der Übung angesprochen werden.

Konflikte wahrnehmen – Lösungen anstreben

Beziehungsklärung dreifach

Ziele

Die Teilnehmer können lernen, sich über ihre Beziehungen Rückmeldungen zu geben und Beziehungsstörungen durch Mitteilen und gegenseitiges Auseinandersetzen offen zu klären. Der ÜL muß schützend eingreifen, wenn die Rückmeldung nicht mehr sachlich bleibt, sondern in Vorwürfe, Angriffe usw. auszuarten droht.

Bei Kindern ist es günstig, mit einer Gruppengröße von nicht mehr als fünf bis sechs Teilnehmern zu arbeiten.

Erste Übung: Die Gruppe mit mir

Alle Kinder/Jugendlichen sitzen im Kreis, ein Stuhl steht in der Mitte, worauf sich ein Gruppenteilnehmer setzt. Dann beantwortet jedes Gruppenmitglied drei Fragen:

Was mag ich an dir?

Was stört mich an dir?

Was wünsche ich mir für dich?

Der Gruppenteilnehmer in der Mitte hört sich die Rückmeldungen an.

Zweite Übung: Wir klären zu zweit

Alle ÜT sitzen im Kreis. In der Mitte stehen zwei Stühle gegenüber. Ein Gruppenmitglied setzt sich auf einen Stuhl und wünscht sich einen Partner auf den zweiten. Von diesem erhält er dann Rückmeldung zu obigen drei Fragen. Derjenige, der die Rückmeldung erhält, gibt nun seinerseits seinem Wunschpartner Antwort auf die Fragen. (Ergänzt werden kann die Frage: Was wünsche ich mir von dir?)

Wer zuerst im Stuhlkreis saß, setzt sich dann wieder zu den anderen. Derjenige, der in der Mitte sitzen bleibt, wählt sich nun ein anderes Gegenüber.

Dritte Übung: Alle sollen es sehen und hören

Alle gehen im Raum umher, ohne sich zu beachten, mal langsam, mal schneller, jeder achtet nur auf sich … Paß auf, daß Du niemanden anrempelst …

Nun geh etwas langsamer und schau die Personen an, die dir begegnen, geh dabei aber weiter … Du wirst bald, wenn ich es sage, vor einer Person, die dir räumlich gerade am nächsten ist, stehenbleiben.

Drücke dann das, was du für denjenigen empfindest, der dir gegenüber steht, in einer Tiergestalt aus. Welches Tier paßt zu dem Gefühl, das du gegenüber deinem Partner hast? Versuche es mit einem passenden Gesichtsausdruck und einer passenden Körperhaltung auszudrücken. Wenn du willst, kannst du auch einen Ton dazu machen oder etwas sagen. *(Hier kann, falls es nötig erscheint, ein Beispiel gegeben werden: »Ich bin ein Eichhörnchen und sammle für dich Eicheln, damit du gut über den Winter kommst.« Wenn jemand eine Katze ist, könnte er einen Katzenbuckel machen, kratzen und dazu fauchen, ohne zu verletzen, oder um die Beine herumschleichen.)*

So, jetzt bleibe vor jemandem stehen und drücke aus, was du dieser Person gegenüber empfindest. Tu dies möglichst spontan. Wenn dir auf Anhieb nichts einfällt, laß dein Gegenüber einen Moment auf dich wirken und drücke dich dann aus …

Und nun gehe weiter im Raum umher …

Wende dich jetzt einem neuen Partner zu …

(Dies kann nun je nach Gruppengröße mehrfach wiederholt werden.)

Dritte Übung in abgewandelter Form

Diese Art der dynamischen Beziehungsklärung läßt sich auch erleben durch das Sich-Ausdrücken als Gegenstand, als andere (symbolhafte) Person (zum Beispiel Zauberer), als Metapher (zum Beispiel Licht), als Pflanze und anderes.

Nach den Übungen

Besprechen:

Wie erging es jedem in den beiden unterschiedlichen Rollen?

Haben sich neue Sichtweisen der eigenen Person ergeben?

Haben sich durch die Übung(en) Beziehungen zwischen den Gruppenteilnehmern verändert?

Wettkampf am Himmel (eine Vorlesegeschichte)

Ziele

Diese Geschichte richtet sich an Kinder, die im Umgang mit Gleichaltrigen durch Rivalisieren, Kräftemessen auffallen und von sich aus keine Grenze, kein Aufhören finden. Häufig enden diese Situationen in aggressiven Auseinandersetzungen oder übermäßig leistungsorientiertem Ehrgeiz. Manche Kinder schildern zwar sozial erwünschte Verhaltensweisen, zeigen diese aber nicht in der realen Auseinandersetzung. Durch die Geschichte sollen sich die ÜT mit ihrem Verhalten und den Folgen für sich und Gleichaltrige in der Gruppe eingehend beschäftigen.

Geschichte

(Bequem hinsetzen und zur Unterstützung der Phantasie eventuell die Augen schließen.)

Ein roter Luftballon steigt langsam von der Erde zu den Wolken auf und freut sich über das Gefühl der Schwerelosigkeit. Es gefällt ihm, mit zunehmender Höhe immer mehr von der Erde sehen zu können: zuerst einzelne Häuser und einen Spielplatz, dann die ganze Stadt und mit größerer Höhe auch die umliegenden Wiesen, Felder und Wälder.

Ganz in der Nähe schwebt ein blauer Luftballon, dem es genauso geht. Auch er genießt es, von der Luft immer höher getragen zu werden und dabei mehr und mehr von der Welt zu sehen.

Die beiden Luftballons begegnen sich und es entsteht ein Wettkampf darüber, wer höher in die Luft aufsteigen kann. Beide können nicht sagen, wieso der Wettkampf auf einmal so wichtig ist. Jeder bemüht sich höher zu kommen als der andere. Aber wie sehr sie sich auch anstrengen, sie bleiben immer auf einer Höhe.

Langsam kommt ein Sturm auf, und die Luftballons werden vom Wind heftig hin- und hergerissen. Sie verlieren sich aus den Augen. Der rote Luftballon kämpft schwer gegen den Wind. Er denkt nur noch daran, wie er unverletzt und sicher auf dem Boden landen kann. Nach mühevollem Anstrengen gelingt es ihm endlich. Der blaue Luftballon versucht hingegen immer noch höher und höher zu fliegen, um als eindeutiger Sieger aus dem Wettstreit hervorzugehen. Schließlich sind seine Kräfte verbraucht, und auch er versucht sicher auf der Erde zu landen. Zufälligerweise schafft er es ganz in der Nähe des roten Luftballons. Der blaue Ballon ist stolz darauf, es länger in der Luft ausgehalten zu haben. Der rote Luftballon ist ärgerlich über sich selbst, daß er sich auf diesen unsinnigen und gefährlichen Wettkampf eingelassen hat. Er schüttelt seinen Ärger ab … und auch du streckst und räkelst dich ganz kräftig und öffnest wieder deine Augen.

Nach der Übung

Gespräch:

Kennst du Wettkampfsituationen aus deinem Leben?

Fällt dir verlieren leicht oder schwer?

Wie reagieren andere (Freunde, Familienmitglieder), wenn sie verlieren? (Modellernen)

Wie hätten die Luftballons den Wettstreit beenden können?

Die Geschichte eignet sich besonders für die Fächer Deutsch, Sozialkunde und Religion.

Was wird das denn nun?

Ziele

Die Übung läßt sich gut mit jüngeren Kindern durchführen. Sie ist geeignet für Gruppen, in denen kein gemeinsames Spielen, Handeln usw. stattfindet, sondern ein Kind über die anderen dominieren will. Die Kinder lernen Vertrauen in andere aufzubauen, Verantwortung zu teilen, auch abgeben zu können.

Vorbereitung

Benötigt werden große Bögen Papier und Farben. Günstig sind Fingerfarben oder Wachsmalkreiden.

Übung

Jeder Gruppenteilnehmer fängt an ein Bild zu malen. Es wird kein Thema vorgegeben. Nach einer bestimmten Zeitdauer (zum Beispiel drei bis vier Minuten) hört jeder auf, an seinem Bild zu malen und geht zu einem anderen Bild. Dort wird nach eigenen Ideen weitergemalt. Dies wird so lange fortgesetzt, bis jeder mindestens einmal an jedem Bild malen konnte.

Die Kinder können zu den einzelnen Bildern erzählen, was sie jeweils malen wollten. Hierbei läßt sich aufgreifen, welche verschiedenen Ideen sich zu jedem Bild ergaben und weiterentwickelten.

Dabei kann im Gespräch geklärt werden, was jedem Kind bei der Übung schwerfiel, was jedes Kind gut fand.

Geeignet für den Kunst-, Sozialkunde- und Sachunterricht.

Zusammen macht's mehr Spaß

Ziele

Die Übung ist für jüngere Kinder geeignet. Die ÜT erleben sich im sozialen Zusammenhang und müssen hierbei auch Auseinandersetzungen eingehen und Kompromisse schließen.

Vorbereitung

Verschiedene Materialien zum Basteln und Gestalten wie Pappe, Papier, Bunt- oder Filzstifte, Scheren, Kleber, Filz- und Stoffreste bereitlegen. Die Kinder verteilen sich einzeln im Raum, so daß jedes ungestört für sich arbeiten kann.

Übung

Der ÜL gibt ein Thema vor, zu dem etwas gestaltet werden soll (zum Beispiel Zoo, Schule, Spielplatz). Jeder ÜT gestaltet für sich alleine etwas zu dem vorgegebenen Thema. Wer fertig ist, klebt seinen Teil auf ein großes Plakat oder einen großen Karton, so daß ein Gesamtwerk entsteht.

Nach der Übung

Gespräch:

Jeder erzählt, was er dargestellt hat und warum.

Wie werden die Darstellungen der anderen erlebt?

Was hat bei der Gestaltung am meisten Spaß gemacht (Einzelarbeit, Gesamtwerk)?

Was hat keinen Spaß gemacht?

Wie wirken die einzelnen Teile als Ganzes? Die Gruppe soll eine Überschrift zum Thema finden.

Einsetzbar im Kunst- und Sachunterricht.

Meine Grenzen – Nähe und Distanz

Alle für einen

Ziele

Die ÜT geben Wärme und Energie gemeinsam an einen ÜT ab, kümmern sich gemeinsam um sein Wohlbefinden. Das Kind, das Wärme und Energie erhält, macht die Erfahrung des Nehmenkönnens. Es befindet sich in der Mitte einer Gruppe.

Vorbereitung

Etwa sechs bis acht Kinder setzen sich im Kreis auf den Fußboden. In der Mitte liegt eine Decke oder Matte. In einer Schulklasse können sich die Schüler auch auf ihre Stühle um einen genügend großen Tisch herum setzen.

Übung

Das Kind, das die Energie der anderen empfangen soll, liegt in Bauchlage auf einer Decke oder Matte bzw. auf dem Tisch in der Mitte. Alle anderen sitzen drum herum und legen ihre Handinnenflächen gegeneinander (jedes Kind für sich).

123

Auf ein Kommando des ÜL hin reibt jedes der Kinder (außer dem, das in der Mitte liegt) seine Handflächen gegeneinander. Der Übungsleiter läßt dies so lange geschehen, bis die Hände sich ganz »heiß« anfühlen. Auf ein erneutes Kommando hin legen alle ihre »heißen« Hände auf den Körper des Kindes, das in der Mitte liegt.

Der ÜL gibt folgende Anweisung:

Wir schließen alle unsere Augen und achten auf unseren Atem.

Wir atmen gleichmäßig ein und aus, ein und aus …

Jetzt nehmen wir unsere Hände wieder vom Körper des/der … *(Name des Kindes)* herunter und öffnen unsere Augen wieder.

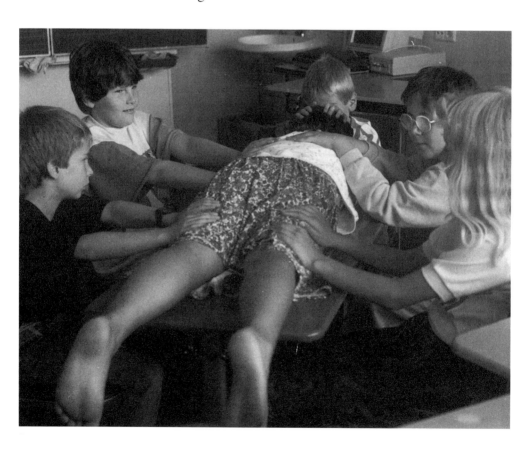

Nach der Übung

Mögliche Fragen an das Kind in der Mitte (nach einer Zeit des Spürens):
Was spürst du?
Wo spürst du etwas?
Wie tief ist die Wärme in deinem Körper zu spüren (falls Wärme/Hitze/Energie u.ä. genannt werden)?
Wie fühlst du dich den anderen in der Gruppe gegenüber?

Mögliche Fragen an die anderen Kinder mit den »heißen« Händen:
Wie haben sich eure Hände angefühlt?
Was habt ihr gespürt, als eure Hände auf dem Körper lagen?
Was habt ihr für ein Gefühl dem Kind gegenüber, das in der Mitte liegt?

Die Schutzkugel
von Hennes Groddeck

Ziel

Bewußtsein schaffen für den direkten Raum um den eigenen Körper herum, den jeder als Freiraum und Schutzraum braucht, um sich wohl und sicher zu fühlen.

125

Übung

Verteilt euch so im Raum, daß jeder viel Platz um sich herum hat.

Strecke deine Arme nach links und rechts aus, ohne einen Nachbarn zu berühren. Wenn du jemanden berührst, verändere deinen Standort. Drehe dich langsam im Kreis herum … Bleib nun stehen und schließe deine Augen. Spüre, wie weit der Raum um dich herum ist, der dich schützt … Laß deine Arme langsam sinken, atme …

Nimm den Raum um dich herum wahr, ohne daß deine Arme ausgestreckt sind …

Hebe deine Arme nun langsam wieder seitlich hoch, laß deine Augen geschlossen … Drehe dich langsam um deine eigene Achse und spüre deinen Schutzraum, der dir Sicherheit gibt.

Stell dir nun vor, du bist umgeben von einer Glocke aus Licht … Taste mit deinen Händen die Lichtglocke von innen her ab … Halte inne und spüre … Laß nun deine Arme wieder sinken …

Öffne nun langsam deine Augen und strecke deine Arme seitlich wieder aus … Taste mit geöffneten Augen deine Schutzkugel ab …

Laß deine Arme jetzt wieder seitlich ausgestreckt und gehe langsam im Raum umher. Achte darauf, daß du die Schutzkugeln der anderen Menschen im Raum nicht verletzt …

Laß deine Arme langsam nach unten sinken und gehe wieder im Raum umher. Achte weiterhin darauf, daß dein Schutzraum und der der anderen unversehrt bleibt … Achte auf den Abstand, wenn du an jemandem vorbeigehst …

Bleib nun stehen und erspüre deinen Schutzraum … Niemand sieht deine Kugel, und doch gibt es sie. Du kannst sie spüren …

Nimm nun Blickkontakt zu einem anderen Menschen im Raum auf und gehe langsam auf ihn zu … Geh so weit, bis du spürst, daß sich die beiden Schutzkugeln berühren und bleib stehen … Wie fühlst du dich? …

Geh noch einen ganz kleinen Schritt auf dein Gegenüber zu. Jetzt sind die beiden Schutzkugeln ein Stück ineinander eingedrungen. Wie geht es dir jetzt? …

Geh wieder so weit zurück, daß du spürst, du bist wieder mit deiner Schutzkugel alleine … Geh nun noch eine Weile für dich im Raum umher *(zwei bis drei Minuten)*.

Wenn du willst, bleib vor jemandem stehen und spüre, ob du in den Schutzraum des anderen eindringen willst und ob du den anderen in deinen Schutzraum lassen willst. Du kannst aber auch weiterhin im Raum umhergehen und deine Schutzkugel genießen …

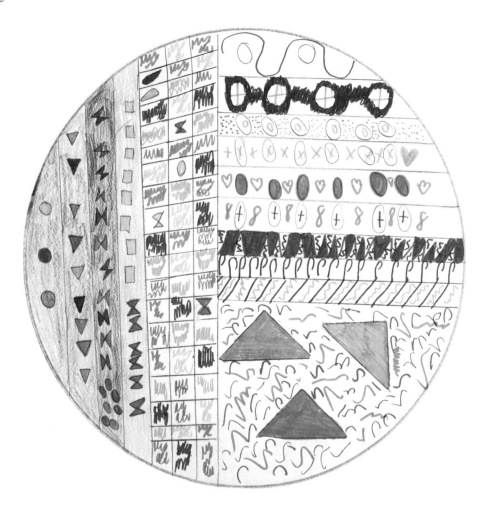

127

Nach der Übung

Erfahrungen austauschen und über die Gefühle während und nach der Übung sprechen.

Die Schutzkugel malen.

Informationen geben über den direkten Schutzraum von Tieren, der nicht verletzt werden darf (zum Beispiel von einem Dompteur).

Energiekreise (vier Gruppenübungen)

Ziele

Sich im Kontakt mit anderen spüren lernen und mit Energie aufladen. Der einzelne in der Gruppe kann lernen, die anderen Mitglieder als Unterstützung zu erleben. Er kann sich von ihnen etwas holen, und er selbst kann sich als aktives Gruppenmitglied begreifen, indem er etwas von sich abgibt. Gleichzeitig wird erlebbar, daß die Gruppe mehr ist als die Summe seiner Mitglieder.

Vorbereitung

Die folgende Vorbereitung ist als Einstimmung für alle vier Übungen möglich: Die Kinder und Jugendlichen gehen im Raum umher, jeder in seinem Rhythmus, in seiner Geschwindigkeit und ohne Kontakt aufzunehmen …

Jetzt fordern Sie die Übungsteilnehmer auf zu schreiten. Ein gutes Hilfsmittel dazu ist beim Ein- und Ausatmen jeweils nur einen Schritt zu machen …

Danach wird wieder im normalen Tempo gegangen … Jetzt wird die Geschwindigkeit erhöht (hasten) …

Und nun gehen alle in der Geschwindigkeit, in der sie zur Ruhe kommen und die anderen im Raum per Blickkontakt wahrnehmen können …

Erste Übung: Hände auflegen (stehend)

Bildet langsam und ohne zu sprechen einen Kreis und geht hintereinander in diesem Kreis. Findet eure gemeinsame Geschwindigkeit …

Bleib stehen, halte einen Moment inne …

Leg nun beide Hände auf den Kopf desjenigen, der vor dir steht …

Wer möchte, kann jetzt die Augen schließen …

Nun leg die Hände auf die Schultern, ohne Druck auszuüben, nur das Gewicht der Hände liegt auf den Schultern …

(Danach werden die Hände an die Taille und schließlich links und rechts ans Becken gelegt.)

Jetzt löst ihr den Kreis auf.

Geht nun noch eine Weile im Raum umher, jeder für sich.

Nimm wahr, wie du gehst … Gibt es einen Unterschied zu vorher? …

Wie war es für dich, von den anderen berührt zu werden? …

Wie war es für dich, andere zu berühren? …

Geh jetzt zu deinem Platz.

Übung in abgewandelter Form

Die in der ersten Übung genannten Körperstellen können leicht beklopft werden, wobei kleinere Kinder dazu neigen, zu fest zu schlagen. Diese Abwandlung empfiehlt sich eher bei Jugendlichen.

129

Wenn Sie als Übungsleiter den Wechsel von Bewegung und Ruhe betonen möchten, kann zwischen dem Berühren der einzelnen Körperstellen jeweils ein erneutes Gehen folgen und ein erneutes Kreisbilden. Möchten Sie den Partnerwechsel betonen, könnten sich die Übungsteilnehmer jeweils umdrehen und haben dann jenen Übungsteilnehmer, der zuvor hinter ihnen stand, vor sich.

Zweite Übung: Geben und Nehmen über die Schultern (stehend)

Bildet einen Kreis und zwar so, daß eure Schultern sich berühren und eure Vorderseiten nach außen, die Rücken nach innen zeigen ...
Schließt eure Augen und stellt euch vor, ihr seid ein zusammengehöriges Ganzes ... Jeder ist auf den anderen angewiesen und dies ist schön so, genießt es ...
Derjenige von euch, der Kraft braucht, holt sie sich in seiner Vorstellung von den anderen ...
Wenn ihr das Gefühl habt, ihr könnt Energie an die anderen abgeben, dann tut dies in eurer Vorstellung ... Wenn ihr wollt, könnt ihr daran denken, daß dort, wo sich eure Schultern berühren, die Tür ist, durch die Energie ein- und ausfließen kann ...
Öffnet die Augen wieder und löst den Kreis auf.
Geht nun noch eine Weile im Raum umher, jeder für sich.
Nimm wahr, wie du gehst ... Gibt es einen Unterschied zu vorher? ...
Wie war es für dich, von den anderen berührt zu werden? ...
Wie war es für dich, andere zu berühren? ...

Dritte Übung: Geben und Nehmen über die Hände (sitzend)

Setz dich im Schneidersitz auf den Boden, schau, daß du mit den anderen zusammen einen Kreis bildest ...
Schließ deine Augen und spür in dich hinein ... Beobachte deinen Atem ... Atme langsam und gleichmäßig ...

Streck deine Hände nach links und rechts aus, dorthin, wo deine Nachbarn sitzen. Öffne deine linke Hand und laß deinen linken Nachbarn seine Hand hineinlegen. Leg deine rechte Hand in die geöffnete Hand deines rechten Nachbarn.

Nimm einmal an, daß diese Gruppe, von der du jetzt ein Teil bist, sich gegenseitig Kraft geben kann. Du kannst Kraft und Energie geben und bekommen.

Stell dir nun deine Kraft in deinem Körper bildlich vor, wie eine Flüssigkeit, die in dir fließt … Gib dieser flüssigen Kraft in deiner Vorstellung eine Farbe …

Stell dir vor, daß diese Kraftflüssigkeit durch deinen rechten Arm fließt, in deine rechte Hand und in die Hand deines rechten Nachbarn hinein. Kraft/Energie/Kraftflüssigkeit fließt nun weiter zu den anderen in der Gruppe …

Und stell dir auch die Kraftflüssigkeit vor, die du von deinem linken Nachbarn erhältst … Sie fließt durch deine linke Hand in deinen linken Arm hinein … Und

131

sie fließt weiter in deinen Körper und vereinigt sich dort mit deiner eigenen Energie …

Nimm dir jetzt Zeit, dir dieses Geben und Nehmen vorzustellen … Achte auf deinen Atem … Laß ihn kommen und gehen *(drei Minuten lang)*.

Zieh nun langsam deine Hände aus den Händen deiner Nachbarn heraus und lege sie auf deine Knie. Bleib jetzt so noch einen Moment bei dir und spür in deinen Körper hinein … Spür, was sich in dir verändert hat und wie du dich fühlst …

Bereite dich darauf vor, gleich deine Augen wieder aufzumachen …

Öffne deine Augen und schau deine beiden Nachbarn nacheinander an …

Vierte Übung: Der Energiestern (liegend)

(Für diese Übung sind sechs Übungsteilnehmer erforderlich.)

Legt euch nun mit dem Rücken auf den Boden, und zwar so, daß eure Füße sich in der Mitte berühren und ihr eurem linken und rechten Nachbarn die Hand geben könnt. Wenn man von oben auf euch herab sehen könnte, sähe man einen Stern oder auch ein Rad mit Speichen … *(Zeit geben und den Gruppenprozeß nicht durch Hilfestellungen beeinflussen; nur beobachten.)*

Schließt die Augen. Jeder stellt sich für sich vor, daß seine Energie in diesen Stern oder dieses Rad hineinfließt … Über die Hände und die Füße kann dies geschehen … und hierüber kannst du auch Energie empfangen …

Laß nun die Hände deines Nachbarn los und lege deine Arme seitlich an deinen Körper … Tausche Energie nur über die Füße aus …

Rücke nun einige Zentimeter mit deinem Körper nach außen, so daß deine Füße keinen Kontakt mehr zu anderen Füßen haben und bleibe in deiner Aufmerksamkeit jetzt nur bei dir … Was spürst du? … Was fühlst du? …

Öffne nun langsam wieder die Augen, dehne und recke dich.

Nach den Übungen

Jeder kann der Gruppe mitteilen, was er an sich wahrgenommen hat und wie es ihm jetzt geht. Oder:

Partneraustausch: Besprich mit einem deiner Nachbarn, was du während der Übung erlebt hast … Teile mit, wie du dich als Teil dieser Gruppe gefühlt hast (zwei bis drei Minuten).

Laß uns fühlen, wer wir sind (drei Partnerübungen)

Ziel

Gegenseitiges Unterstützen beim Auftanken von Lebenskraft und Energie.

Vorbereitung

Bequeme Unterlagen zum Draufsetzen und Hinlegen bereitstellen. Die ÜT wählen einen Partner.

Erste Übung: Füße und Beine laden dich auf

(Beide Partner setzen sich gegenüber auf den Boden.)

Ihr sitzt euch gegenüber. Die Beine sind lang ausgestreckt und liegen eng beisammen. Eure Fußsohlen berühren sich, ohne daß ihr Druck ausübt. Wie stark sich eure Fußsohlen berühren, bestimmt ihr nach eurem Gefühl. Mit den Armen stützt ihr das Gewicht eures Oberkörpers nach hinten ab. Nun schließt eure Augen.

Jeder stellt sich folgendes vor: Durch dein rechtes Bein gibst du deinem Partner Energie ab, und durch dein linkes Bein nimmst du Energie von deinem Partner auf *(drei Minuten)*.

Zweite Übung: Die Fingerspitzen reichen

(Beide Partner sitzen sich im Schneider- oder Lotussitz gegenüber.)
Schließt eure Augen und atmet gleichmäßig *(zwei Minuten)*.
Nun öffnet eure Augen und berührt euch mit euren Fingerspitzen. Die Fingerspitzen deiner rechten Hand berühren die Fingerspitzen der linken Hand deines Partners.
Stell dir nun vor, daß du durch die Fingerspitzen deiner rechten Hand deinem Partner Lebensenergie abgibst. Du selbst nimmst Energie durch die Fingerspitzen deiner linken Hand auf.
(Zeit nach Bedarf wählen. Falls die Übung mit geöffneten Augen zu schwierig ist, die Augen schließen. Anstatt die Fingerspitzen zu berühren, können die Partner auch gegenseitig ihre Knie sanft umfassen.)

Dritte Übung: Kreuz und quer

(Die Partner legen sich bequem mit dem Rücken auf ihre Unterlage.)
Eure Körper bilden eine Linie, wobei die Köpfe voneinander wegzeigen. Die Beine kreuzen sich, und zwar in Kniehöhe. Die Kniekehlen des einen Partners liegen auf den Knien des anderen, so daß jeder die Füße des anderen gut anfassen kann und dies jetzt tut. Mit der rechten Hand umfaßt du den linken Fuß, mit der linken Hand den rechten Fuß deines Partners.

Nun stell dir vor, daß du mit deiner rechten Hand deinem Partner Energie abgibst, in sein Bein fließen läßt, und du selbst erhältst Kraft und Energie durch deine linke Hand *(zwei Minuten)*.

Jetzt konzentriere dich auf deine Füße und stell dir vor, daß du mit deinem rechten Fuß Kraft an deinen Partner weitergibst und mit dem linken Bein Kraft erhältst *(Zeit nach Bedarf wählen)*.

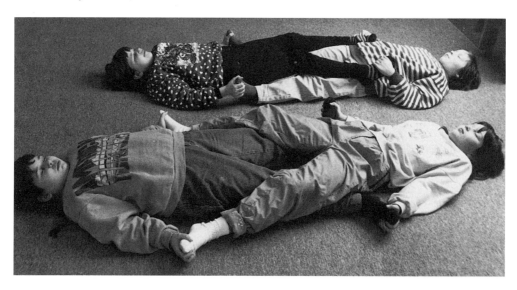

Nach der Übung

Nach jeder Übung sollten alle die Gelegenheit erhalten, frei darüber zu sprechen, was sie erlebt haben.

Was unterscheidet mich von anderen?

Zerrspiegel (Übung für Übergewichtige)

Ziele

Die Übung ist speziell für übergewichtige Kinder und Jugendliche gedacht. Sie soll zur Auseinandersetzung mit dem übergewichtigen Körper anregen, das eigene Zutrauen stärken und/oder Hemmungen im Umgang mit sich selbst und anderen abbauen helfen.

Übung

(Die ÜT setzen sich bequem hin und schließen die Augen.)
Stell dir vor, du gehst mit einem Teil deiner Schulklasse oder vielleicht mit deinen besten Freund(inn)en auf einen Jahrmarkt. Schon auf dem Weg dorthin hörst du die Musik, die immer lauter wird, und bald siehst du auch die ersten Buden. Während ihr über den Jahrmarkt schlendert, betrachtet ihr die einzelnen Stände genauer. Bei einem könnt ihr Lose kaufen und damit größere und kleinere Dinge gewinnen … Es gibt einen Platz mit Schiffschaukeln … ein Karussell … einen Reitplatz und vieles mehr. Dazwischen gibt es noch Buden, an denen ihr Eis kaufen könnt, Nascherein oder eine Bratwurst. Nun kommt ihr zu einem Gebäude, das im Sonnenlicht blitzt und blinkt. Neugierig nähert ihr euch und seht dann, daß es ein Spiegelkabinett ist, in dem sich mehrere Zerrspiegel befinden. Ihr bezahlt den Eintritt und geht neugierig hinein …
Langsam gehst du die einzelnen Spiegel entlang. Im ersten Spiegel hast du ganz kurze Beine und dein Oberkörper ist lang gestreckt … Im zweiten Spiegel ist es genau

umgekehrt, du hast lange Beine und dein Oberkörper ist ganz kurz … Im dritten Spiegel ist dein Körper in die Breite verzerrt … du wirst dicker und dicker … Du achtest darauf, wie die Kleidung an deinem dicken Körper wirkt und überlegst, wie es dir wohl ginge, wenn du wirklich so dick aussehen würdest … Gibt es Sachen, die du dich dann nicht mehr trauen würdest, zum Beispiel im Sport oder im Umgang mit anderen? … Würdest du noch ins Schwimmbad gehen, und was würden wohl die anderen Schwimmbadbesucher von dir denken? … Was würden die Eltern und Freunde/Freundinnen sagen? … Würdest du dich einsamer fühlen als jetzt? … Könntest du dich noch so leicht bewegen wie jetzt? …

Gespannt gehst du zum nächsten Spiegel und stellst erleichtert fest, daß du jetzt dünn bist – so dünn, wie du gerne sein möchtest. Wieder achtest du darauf, wie die Kleidung an deinem Körper aussieht … und überlegst, ob du nun mehr Dinge unternehmen kannst, vielleicht im Sport? … Und vielleicht traust du dir selbst auch mehr zu als mit deinem dickeren Körper? … Kannst du dich leichter bewegen, bist du schneller und gelenkiger? … Was werden die Eltern und Freunde/Freundinnen zu dir sagen? … Fühlst du dich einsamer als vorher, oder hast du den Eindruck, du traust dich mehr mit anderen zu unternehmen? … Wie fühlst du dich nun, wenn andere dir nachblicken – bist du stolz auf deine Figur? …

Ihr verlaßt das Zerrspiegelkabinett und unterhaltet euch über eure Erfahrungen darin. Lustig geht ihr auf die nächste Bude zu.

(Holen Sie jetzt die ÜT wieder aus der Vorstellungsübung zurück.)

Nach der Übung

Gespräch:

Welche Erfahrungen hast du in der Übung mit deinem Körper gemacht?

Warum willst du abnehmen? Gründe auf einem großen Plakat sammeln oder eine Collage dazu erstellen lassen.

Hast du schon einmal versucht abzunehmen? Wie und mit welchem Kurz- bzw. Langzeitergebnis?

Ich bin ich und du bist du
von Hennes Groddeck

Ziele

Während einer Begegnung mit anderen Menschen bei sich selbst bleiben können. Wahrnehmen der eigenen Grenzen und diese akzeptieren lernen. Mit Bewertungen anderer Menschen leben, sich von diesen unabhängig machen. Eine Begegnung mit anderen an der Kontaktgrenze erleben.

Übung

Jeder wählt sich einen Partner. Beide setzen sich gegenüber. Wer mit der Übung anfangen will, ist Partner A, der andere ist Partner B.

A sagt, was er an Partner B wahrnimmt, möglichst in Form eines Satzes, dabei sind subjektive Wahrnehmungen und Wertungen erlaubt. Am sinnvollsten ist es, mit dem Gesicht und der Körperhaltung von B anzufangen. B selbst sagt nach jedem Satz, den A gesprochen hat: »Ich bin ich und du bist du.«

Beispielsweise sagt A: »Ich sehe deine blauen Augen.« B: »Ich bin ich und du bist du.« Oder A sagt: »Ich finde, daß deine Nase zu dick ist.« B: »Ich bin ...«

A geht dann langsam auch zu Persönlichkeitseigenschaften über, die er entweder von B kennt oder an ihm vermutet und teilt B mit, ob diese ihm gefallen oder nicht. Beispielsweise: »Mir gefällt an dir, daß du so ehrlich bist.« Oder: »Mir gefällt an dir nicht, daß du andere immer sofort bewertest.«

Die Antwort, die B darauf gibt, ist immer die gleiche: »Ich bin ich und du bist du.«

Nach fünf Minuten erfolgt ein Wechsel, B wird zu A und umgekehrt.

139

Die Aufarbeitung sollte in Form eines Gesprächsaustausches erfolgen. Folgende Fragen sind sinnvoll:

Wie fühlst du dich, wenn du nur bei dir bleibst, nur dich ernst nimmst und nicht dein Gegenüber?

Was ist gut oder weniger gut daran?

Wie fühlst du dich als Sprechender, wenn der andere nur bei sich bleibt?

Bei welchen Personen in deinem Leben und bei welchen Gelegenheiten ist es besonders sinnvoll, daß du bei dir bleibst?

Was könntest du noch sagen für: »Ich bin ich und du bist du«? (Zum Beispiel: »Ich will jetzt erst einmal alleine sein.« Oder: »Ich melde mich wieder bei dir.«)

Wichtig: Der Satz »Ich bin ich und du bist du« bzw. die von den Übungsteilnehmern gefundenen Alternativen helfen nicht nur, wenn sie laut ausgesprochen werden (dies ist im Alltag ja kaum möglich), sondern auch dann, wenn sie gedacht werden, können also in jeder Situation eine gute Hilfe zur Abgrenzung sein.

So wie du und anders

Ziel

Mit Hilfe eines Gegenübers Gemeinsamkeiten, aber auch Unterschiede erkennen, um sich so mit sich selbst als unverwechselbare, einzigartige Person zu erleben.

Die Gruppe sitzt im Kreis, auf Stühlen oder auf dem Boden. Ein ÜT sitzt in der Mitte. Der ÜT schaut eine Person in der Runde an und vollendet den Satz »Ich bin so wie du, wenn … (zum Beispiel: ›… ich mein Essen hinunterschlinge‹).« Danach dreht sich der ÜT zum nächsten in der Runde und fährt fort, bis die Runde zu Ende ist. Jetzt beginnt er erneut mit der Satzform »Ich bin anders als du, wenn …« Dies geschieht ebenfalls so lange, bis die Runde zu Ende ist.

Nach der Übung

Besprechen:

Welche Runde fiel dir leichter oder schwerer, und warum?

Mit wem würdest du am liebsten gleich etwas zusammen machen?

Was an dir möchtest du verändern? Was an dir möchtest du niemals verändern?

Wem möchtest du ähnlicher werden?

Wer bin ich? (Eine Vorlesegeschichte)

Ziel

Durch die Geschichte soll dem ÜT bewußt werden, inwieweit er sich an andere anpaßt und wo er sich abgrenzt. Was sind eigene Interessen und Fähigkeiten?

Es ist sinnvoll, das Geschlecht der handelnden Person nach dem Geschlecht des ÜT zu richten. In der Vorgabe wird zur Vereinfachung von einer weiblichen Person ausgegangen.

Geschichte

(Der ÜT setzt sich bequem hin und schließt eventuell die Augen.)

Ein Mädchen, ungefähr in deinem Alter, erzählte mir neulich folgende Geschichte: Sie saß an einem regnerischen Nachmittag am Schreibtisch in ihrem Zimmer und versuchte sich auf die Hausaufgaben zu konzentrieren. Sie wurde immer wieder durch andere Gedanken abgelenkt und hatte eigentlich keine Lust, Hausaufgaben zu machen. Sie hing dann einfach ihren Gedanken nach und träumte davon, mit Freundinnen draußen zu sein, sich mit anderen zu treffen, um Platten zu hören oder einen Stadtbummel zu machen.

Aber eigentlich fühlte sie sich alleine, da sie wußte, daß sich ihre Interessen manchmal von denen der Freundinnen unterscheiden. So kam sie ins Nachdenken, was sie einfach mitmachte, um bei den anderen dabeizusein, und was sie selbst wollte. Oft gefällt es ihr ja auch, etwas mit den anderen zu unternehmen – aber halt nicht immer. Gleichzeitig hat sie auch Angst, von den Freundinnen abgelehnt zu werden, wenn sie zeigt, daß sie andere Interessen hat.

Es ist schön dazuzugehören und dies durch ähnliche Kleidung und Frisur zu zeigen. Es ist auch schön, mit den Freundinnen zusammenzustecken und Pläne zu schmieden. Aber ist dies nicht nur etwas Äußerliches?

Auf der anderen Seite fällt es ihr auch schwer, sich von den anderen Mädchen zu unterscheiden und einen eigenen Geschmack, eigene Vorlieben und Hobbys zu zeigen. Sie läßt sich durch Fragen wie »Gefällt dir das wirklich? Magst du das wirklich?« schnell verunsichern und hat Angst, dann die Blicke und das Gerede der Freundinnen zu ertragen oder gar alleine dazustehen.

Es war ihr unklar, wie andere es schaffen, sich anzupassen und trotzdem etwas Eigenes zu sein. Bei den anderen sieht alles so einfach aus: Eine Freundin hat eine bessere Figur und begeistert alle durch ihre Heiterkeit. Eine andere ist im Sport gut und dadurch beliebt und anerkannt. Und das Mädchen, das mir die Geschichte erzählte, fragte sich: »Was kann ich denn eigentlich gut? Wer sagt mir, was ich kann und wer ich bin? Im Vergleich zu den anderen fällt mir nur auf, wo ich nicht so gut abschneide.«

Plötzlich klingelte das Telefon und das Mädchen wurde aus ihren Gedanken herausgerissen. Eine Freundin rief an und wollte wissen, was sie in Mathe aufhätten. Sie kamen ins Plaudern und stellten fest, daß sie beide keine Lust hatten, Hausaufgaben zu machen und erzählten sich, was sie gerne statt dessen unternehmen würden. Nach dem Telefonat dachte sie, vielleicht geht es meiner Freundin ja ebenso wie mir. Daß sie auch manchmal nicht weiß, wer sie ist und was sie möchte. Und sie beschloß, am nächsten Tag etwas Ausgefallenes in die Schule anzuziehen, womit sie sich von den anderen unterscheiden würde. Denn aufzufallen und dadurch mehr beachtet zu werden, ist ja schließlich auch manchmal ganz schön!

Nach der Übung

Folgende Fragen werden im Gespräch geklärt:
Wo versuche ich mich anderen anzupassen und weshalb?
Wo bin ich anders als andere und wie reagieren Gleichaltrige, Eltern, Geschwister usw. darauf?
Woran merke ich, daß meine Freundinnen oder Freunde auch manchmal unsicher sind?

Umgang mit Krankheit und Behinderung
im Kontakt mit anderen

Lebensfluß

Ziele

Die Übung soll das oder den von der Krankheit bzw. Behinderung betroffene Kind oder Jugendlichen zur Auseinandersetzung damit anregen, inwieweit die Familie Abgrenzung erlaubt oder überstark beschützt und schont. Familien mit chronisch kranken oder behinderten Kindern/Jugendlichen müssen sich verstärkt mit Fragen nach Selbständigkeit und Eigenständigkeit befassen. Umsorgen und pflegen des kranken bzw. behinderten Familienmitgliedes kann zur zentralen Aufgabe vor allem für die Mutter werden. »Ablösungsansätze« sollen erarbeitet werden.

Übung

(Die ÜT setzen sich bequem hin und schließen die Augen.)
Stell dir vor, du liegst nachmittags auf deinem Bett und döst vor dich hin. Langsam kommst du zu dir, und dein Blick fällt auf die Wand. Du läßt deinen Blick eine Weile dort ruhen und siehst dabei ein Landschaftsbild immer deutlicher werden. Auf dem Bild wird ein Flußlauf erkennbar. Seine Ursprungsquelle liegt in einer Wiese verborgen.

Von da an nimmt das Gewässer einen schmalen und ruhigen Verlauf, wird aber immer breiter und kräftiger. Betrachte die Landschaft, durch die der kraftvolle Bach nun fließt. Was steht rechts und links von ihm? ... Was gibt dem Bach Schutz? ... Wo fängt er an, eigene Kräfte zu entwickeln? ... Vielleicht gehen auch kleine Nebenarme ab? ...

Nun wird das Bachbett erneut breiter, der Bach wird zu einem Fluß. Was schätzt du, wie tief er ist? Aus was könnte der Grund bestehen? Aus Kiesel, Schlamm oder etwas anderem? ... Was siehst du rechts und links am Ufer? ...

Betrachte die Kraft, die das Wasser hat: Im Fluß sind einige große Strudel, stellenweise ist das Ufer stark ausgewaschen. Was vermutest du, wie es dem Fluß geht? ... Braucht und will er soviel Schutz wie zur Zeit seiner Entstehung? ... Oder kann er inzwischen sogar Schutz anderen geben, zum Beispiel Fischen, die in ihm leben? ...

Überlege nun, was wäre das Einengendste, was dem Fluß passieren könnte? ...

Der Fluß teilt sich nun in zwei Arme auf. Ein Arm fließt ruhig und gemächlich weiter, der andere wird reißend und kraftvoll. Wenn du einen Arm wählen könntest, welchen Verlauf würdest du gerne weiter beobachten? Betrachte die von dir gewählte Abzweigung eine Weile *(Zeit geben)*.

Verabschiede dich nun von dem Gewässer ...

Öffne jetzt deine Augen, atme tief durch und strecke dich.

Nach der Übung

Gespräch:

Wo fühle ich mich durch Familienangehörige zu stark eingeschränkt?

Wo erlebe ich ihre Hilfen als Unterstützung?

Zeige ich der Familie, wenn ich etwas als einschränkend erlebe? Wer könnte mich hierbei unterstützen und auf welche Art und Weise?

Was ändert sich für alle anderen in der Familie, wenn ich selbständiger werde?

Krankheit/Behinderung in der Familie

Ziele

Die Übung ist für Kinder/Jugendliche gedacht, die in einer Familie mit einem chronisch kranken bzw. behinderten Geschwister/Elternteil leben. Gesunde Angehörige erleben häufig Schuldgefühle, daß sie selbst gesund sind, oder sie glauben, nicht alles dafür getan zu haben, die Erkrankung/Behinderung zu vermeiden. Bei vererbbaren Krankheiten, beispielsweise Diabetes, stellen sich auch Ängste ein, selbst zu erkranken oder die Krankheitsanlage weiterzugeben. Durch die Übung soll die Möglichkeit gegeben werden, sich mit diesen Aspekten auseinanderzusetzen.

Übung

(Die ÜT setzen sich bequem hin und schließen die Augen.)
Stell dir vor, du machst einen Waldspaziergang. Es ist ein warmer Sommertag, und du spürst die Wärme der Sonne auf dir ruhen. Der Wind streicht sanft durch das Laubwerk der Bäume und über dein Gesicht. Du fühlst dich wohl und siehst nun in der Ferne, mitten in einer Lichtung, einige Wohnwagen stehen. Beim Näherkommen erkennst du, daß hier Zigeuner ihr Lager aufgeschlagen haben. Als sie dich sehen, nicken sie dir freundlich zu und eine alte Zigeunerin winkt dich zu sich. Sie fragt dich nach deinem Namen und fordert dich auf, mit in ihren Wohnwagen zu kommen.
Auf dem Tisch steht eine große Glaskugel. Ihr setzt euch an diesen Tisch, und die Zigeunerin murmelt einige für dich unverständliche Sätze ... In der Glaskugel

erblickst du plötzlich dich selbst und deine Familie. Du beobachtest den Ablauf eines typischen Tages vom Aufstehen bis zum Zubettgehen. Du siehst dich im Umgang mit deinem kranken bzw. behinderten Geschwister (oder Elternteil). Du beobachtest, was du für ihn tust oder nicht tust ... wo du Hilfen gibst ... Du spürst, wobei du dich wohl und nicht wohl fühlst ... Du siehst auch, was die anderen Familienmitglieder für Hilfen geben ...

Nun erblickst du in der Kugel ein neues Bild. Und zwar euren Alltag, wenn die Krankheit/Behinderung nicht bestehen würde. Was ist für jeden von euch anders? Vor allem für dich? ...

Die Kugel verdunkelt sich, die Zigeunerin lächelt dir zu und weist dich mit einer Handbewegung an, den Wohnwagen zu verlassen. Nachdenklich setzt du deinen Spaziergang fort. Der Wald kommt dir verändert vor. Du blickst dich um und willst feststellen, was dir anders erscheint ...

Öffne nun deine Augen und strecke dich kräftig.

Nach der Übung

Gespräch:

Was ist die Ursache der Krankheit/Behinderung?

Was fühle ich in bezug auf die Erkrankung/Behinderung? Beispielsweise Wut, Schuld, Angst, Trauer?

Was wäre für mein Leben ohne diese Erkrankung/Behinderung anders?

Hat die Krankheit/Behinderung auch positive Seiten? Verbringe ich zum Beispiel mehr Zeit mit der betroffenen Person?

Komm, ich schenk dir ein paar Flügel
(eine Vorlesegeschichte zum Thema Sprachstörungen)

Ziele

Diese Vorlesegeschichte ist für Kinder und Jugendliche gedacht, die stottern, Wortfindungsprobleme und andere Redestörungen haben. Sie sollen mittels Imagination und symbolhaften Bildern lernen, ein harmonisches Fließen ihres Inneren zu erreichen (zum Beispiel durch die Vorstellung von Meereswellen, die sich gleichmäßig bewegen). Dies bewirkt, daß auch das Sprechen in (Rede-)Fluß kommt. Dazu werden verschiedene symbolhafte Bilder angeboten.

Geschichte

(Die ÜT sollten ihre Augen schließen, um sich die Geschichte besser vorstellen zu können.)

Ich möchte euch eine Geschichte vorlesen, die erzählt, wie sich ein Kind, das Schwierigkeiten beim Sprechen hatte, zu helfen gelernt hat. Dieses Kind erzählte mir seine Erlebnisse:

»Lange Zeit hatte ich Schwierigkeiten beim Sprechen. Manchmal brachte ich nur mit Mühe ein Wort heraus oder sagte es mehrmals hintereinander. Die Erwachsenen sagten, ich sei ein Stotterer.

Besonders schlimm war es, wenn ich aufgeregt war. Zum Beispiel wenn ich einem Erwachsenen eine Frage beantworten sollte oder ich in der Schulklasse vor allen sprechen mußte oder wenn ich Streit hatte und jemandem die Meinung sagen wollte. Immer hatte ich dabei etwas Angst und brachte erst nach mehreren Sekunden einen Ton heraus.

Menschen, die gut sprechen konnten, bewunderte ich schon immer. Gleichzeitig wurde ich auch etwas traurig, wenn ich sie hörte, weil ich es selbst nicht so gut konnte. Trotzdem hörte ich so oft es ging, Menschen beim Sprechen zu.

So saß ich einmal in einem Kindertheater. Nur ein Mann spielte auf der Bühne. Durch Verkleidungen verwandelte er sich in alle möglichen Figuren. Er war Elefant und Riese … eine Ameise und ein Zwerg … und zu allen Figuren erzählte er eine Geschichte. Manchmal hatte ich das Gefühl, die Figuren sprachen und nicht der Mensch, der sie spielte …

Zum Schluß spielte er einen Vogel. Er trug ein Vogelkostüm mit langen, bunten Flügeln. Auf dem Kopf saß eine Haube mit einem langen Schnabel. Und er erzählte, wie dieser Vogel in die Lüfte stieg und alles von oben sah.

Ich war fasziniert und bemerkte gar nicht, daß außer mir gar niemand mehr im Theater war. Der Schauspieler trat an den Rand der Bühne. Er fragte, wer ich sei und was mir besonders gut gefallen habe. Ich bekam keinen Ton heraus. Er merkte anscheinend sofort mein Problem. Er ging hinter die Bühne. Nach einigen Momenten kam er wieder, blieb auf der Bühne stehen und sagte: ›Komm, ich schenk dir ein Paar Flügel.‹ Mit diesen Worten überreichte er mir das Vogelkostüm. Ich kletterte hoch auf die Bühne und zog das Kostüm auf der Stelle an.

Meine Arme bewegte ich gleichmäßig auf und ab … Ich stellte mir vor, wie ein Vogel zu fliegen und ging dabei auf der Bühne herum …

Ich sah die Welt unter mir … sie war klein … Meine Flügel schlugen gleichmäßig und langsam … Ich fühlte eine große Ruhe und Sicherheit in mir … Plötzlich bemerkte ich, daß ich mich die ganze Zeit schon mit dem Schauspieler unterhalten hatte, ohne zu stottern … Ich konnte es kaum glauben, aber es stimmte …

Ich entdeckte, daß mir die Welt von oben betrachtet keine Angst macht. Alles ist kleiner und nicht mehr so wichtig …

Das Vogelkostüm gab ich zurück und bedankte mich. Danach verließ ich das Kindertheater und beschloß in Zukunft, wenn mir auffallen sollte, daß die Angst vor dem Sprechen wiederkommt, in Gedanken das Vogelkostüm anzuziehen und zu fliegen. Und das tat ich auch. Seit dieser Zeit hat mir das Kostüm schon häufig geholfen.

Einmal habe ich einen Lehrer, der mir eine wichtige Frage stellte, aus meiner Vogelperspektive ganz klein gesehen und sofort hatte ich keine Angst mehr. Ich habe mir vorgestellt, wie ich rhythmisch mit den Flügeln schlage, und mein Körper fühlte sich an, als ob er schwinge, auf und ab, auf und ab ...«

Öffnet nun eure Augen wieder und streckt euch.

Nach der Übung

Gemeinsamer Austausch von Situationen, in denen die ÜT Redehemmungen haben bzw. stottern. Austausch von Erfahrungen, was helfen könnte.

Im Raum umhergehen, miteinander sprechen und die Arme bewegen wie Flügel; darüber sprechen.

Versuch zu sprechen und sich lediglich die Schwingbewegung der Arme vorstellen. (Dies gelingt nicht gleich zu Beginn, sollte aber häufiger geübt werden und zu einem späteren Zeitpunkt gelingen. Denn die Vorstellung der schwingenden Arme kann in der Realität in jeder Situation gut und unauffällig eingesetzt werden.)

Andere Möglichkeiten entdecken, sich in Schwingung/Fließen zu versetzen, und jeweiliges Ausprobieren. Zunächst sollten die Vorschläge aktiv motorisch ausprobiert werden und danach nur in der Vorstellung. So kann zum Beispiel das Hin und Her der Wellen am Meer zuerst im Stehen durch Pendeln des Oberkörpers oder im Sitzen durch wellenartiges Bewegen einer Hand nachgeahmt werden. Danach folgt der Versuch, sich dies beim Sprechen vorzustellen.

Malen eines Bildes mit vielen Vögeln (reduziert auf die Form der Flügel) oder der Wellen des Meeres. Beim Malen läßt sich durch die rhythmische Bewegung der Hand der Körper ebenfalls in Schwingung bringen.

Der andere Stern

Ziele

Der ÜT soll erkennen, daß sein eigenes Verhalten, seine eigenen Einstellungen zur Krankheit bzw. Behinderung das Verhalten und die Einstellungen seiner sozialen Umwelt ihm gegenüber entscheidend mitgestalten. Der ÜT soll hinterfragen, inwieweit er in seiner Umwelt aktiv auf andere Menschen zugeht, sich bemüht, etwas gemeinsam mit ihnen zu unternehmen und Verständnis für sich und seine Situation zu erreichen. Oder verhält er sich passiv und isoliert sich dadurch?

Übung

(Die ÜT setzen sich bequem hin und schließen die Augen.)
Stell dir vor, du liegst an einem Ort, an dem du dich wohlfühlst, und bist eingeschlafen. Mit jedem Atemzug sinkst du immer tiefer in den Schlaf ... und fängst nun an zu träumen. In der Ferne siehst du einen dunklen Punkt, der größer und größer wird. Das runde Etwas kommt immer näher auf dich zu, und du erkennst nun, daß es ein Raumschiff ist. Es landet neben dir, die Einstiegsluke öffnet sich und eine menschenähnliche Gestalt steigt aus. Das Wesen lädt dich ein mitzukommen und einen Tag auf seinem Heimatplaneten zu verbringen. Du bist sofort von dieser Idee begeistert und begibst dich ins Raumschiff. Ihr startet und nehmt Kurs ins All ... Hier durchquert ihr den Sternenhimmel und steuert nun auf einen Planeten zu ... Ihr landet in einer großen Stadt, in der du dich gerne alleine umschauen willst.
Irgendwie kommt dir alles bekannt vor, und irgendwie ist auch alles fremd: Die Bewohner sehen wie Menschen aus, aber in allen Haut- und Haarfarben – rot, grün, lila usw. Dein Weg führt dich an einem großen Freizeitpark vorbei, wo dich andere Kinder/Jugendliche

einladen, mit ihnen zusammen den Nachmittag zu verbringen. Du traust dich erst nicht so recht, da du sie nicht kennst und dir ihre Freizeit- und Sportgeräte fremdartig vorkommen. Du hast Angst, etwas falsch zu machen und ausgelacht zu werden.

Die anderen Kinder/Jugendlichen bemerken deine Angst und reden dir gut zu. Ängstlich lehnst du ihre Einladung weiterhin ab und schaust ihnen traurig beim Spielen zu. Dann sagst du zu dir selbst: »Wieso eigentlich nicht, ich bin eh nur heute hier, und falls ich mich dumm anstelle, sehen wir uns sowieso nie wieder.« Du spielst mit und bemerkst zunehmend, wieviel Spaß du dabei hast … Wenn du etwas nicht weißt oder kannst, läßt du es dir erklären oder bittest um Hilfe. Du bist erstaunt, wie hilfsbereit sie alle dir gegenüber sind.

Die Zeit vergeht schnell, und du mußt wieder zum Raumschiff zurück. Du verabschiedest dich, und deine neuen Freunde geben dir noch einen Rat für zu Hause mit. Was ist das für ein Ratschlag? … Du prägst ihn dir gut ein und begibst dich langsam zum Raumschiff, das schon auf dich wartet. Es bringt dich durchs All zurück auf die Erde … Diese wird langsam größer und größer … Das Raumschiff landet da, von wo aus ihr gestartet seid … Du verläßt es und legst dich müde und zufrieden hin, um dich von der Reise auszuruhen … Und jetzt öffnest du deine Augen, atmest tief durch und streckst dich kräftig, so wie morgens nach dem Aufwachen.

Nach der Übung

Die ÜT malen den Planeten. Und/Oder Gespräch:

Was war auf dem Planeten besonders schön?

Wie lautete der Ratschlag? Was kann ich als ersten Schritt dazu tun, ihn zu verwirklichen?

Wie geht es mir im Kontakt mit anderen chronisch Kranken/Gesunden bzw. Behinderten/Nichtbehinderten? Wie geht es mir in der Klasse?

Gibt es jemanden, der für mich ein Vorbild im Umgang mit meiner Krankheit/Behinderung sein könnte? Oder kann ich Vorbild für andere sein?

Ab Klasse 4 kann *Das war der Hirbel* von Peter Härtling zu dieser Thematik gelesen werden.

Autogenes Training
und Geschichten zum Wohlfühlen

In den Geschichten und Übungen dieses dritten Kapitels werden Entspannungsübungen und Phantasiereisen mit Ruhe induzierenden Bildern und Selbstsuggestionen zum Entspannen und Wohlfühlen verwendet. Die körperlichen Entspannungseffekte sind durch zahlreiche physiologische Messungen nachgewiesen.

Die ÜT sollen zur inneren Ruhe finden und Energiereserven auffüllen lernen. Stellen Sie sich das Verhältnis von Energieverbrauch und Energieauftanken wie Gewichte auf zwei Waagschalen vor. Besteht auf Dauer ein Ungleichgewicht, kommt es zu Verhaltensauffälligkeiten wie beispielsweise Konzentrationsstörungen, Schlafstörungen oder Unruhe. Die Überbetonung der Anforderungsseite kann sich auch in körperlichen Symptomen äußern (Spannungskopfschmerzen, morgendliche Übelkeit vor dem Schulbesuch etc.).

Das folgende Kapitel ist in zwei Teile gegliedert, in »Entspannungstraining mit Kindern« und »Autogenes Training und Entspannungsgeschichten mit/für Jugendliche/n«.

Zu Beginn des Entspannungstrainings mit Kindern werden Entspannungsübungen aus dem Bereich des Autogenen Trainings vorgestellt, die von den Kindern nach dem Erlernen auch selbständig durchgeführt werden können. Sie sind speziell für Kinder er- und bearbeitet. So hilft ein Zauberfahrzeug den eigenen Körper kennenzulernen und die Schwere- und Wärmevorstellungen einzuleiten. Hierbei wird die Aufmerksamkeit auf spürbare Entspannungsreaktionen im körperlichen, emotionalen und kognitiven Bereich gelenkt. Automatisch tritt dann die Wahrnehmung der Umwelt in den Hintergrund. Kinder spüren sehr schnell die eintretenden Entspannungsreaktionen. Diese sofortigen Erfolge wirken sehr motivierend.

Die folgenden Geschichten zum Finden und Anwenden von hilfreichen Selbstinstruktionen sind für die Anwendung im streßbelasteten Kinderalltag gedacht (Zahnarztbesuch, Ängste in der Schule u.a.). Hilfreiche Merksätze, an die das Kind bei Bedarf denkt, helfen Belastungen mit dem Gefühl »Ich schaffe es« zu begegnen. Dadurch wächst das Selbstvertrauen, auch in belastenden Situationen eigenständig etwas für sein Wohlbefinden und zum Streßabbau unternehmen zu können. So zum Beispiel bei Tests in der Schule, um das Konzentrationsvermögen zu steigern, bei nächtlichem Grübeln, zur Erleichterung des Einschlafens. Aber auch im klinischen Bereich, zum Beispiel zur Entspannung und Vergrößerung der Blase bei nächtlichen Einnässern.

Um als Übungsleiter eigene Geschichten zu entwickeln oder vorgegebene abzuändern, werden entsprechende Anleitungen vermittelt.

Abgeschlossen wird das Entspannungstraining mit Kindern durch entspannende Geschichten, die besonders bilderreich die kindliche Vorstellungswelt ansprechen.

Das Autogene Training, die Selbstinstruktionsgeschichten sowie die Entspannungsgeschichten können jeweils für sich eingesetzt, aber auch miteinander kombiniert werden.

Das folgende Schaubild soll die Kombinationsmöglichkeiten der einzelnen Teile des »Entspannungstrainings mit Kindern« zeigen:

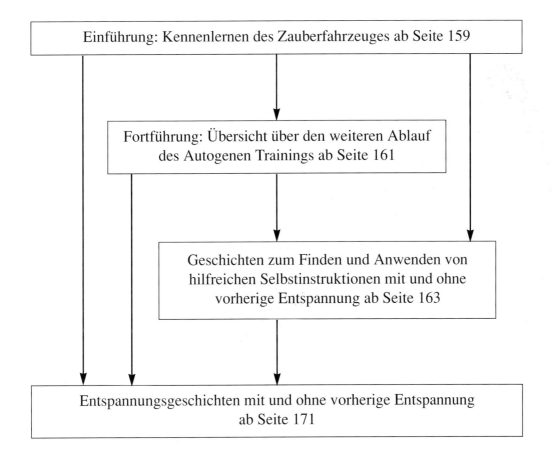

Im zweiten Teil des dritten Kapitels, »Autogenes Training und Entspannungs-
geschichten mit/für Jugendliche/n«, wird zunächst Autogenes Training mit
Jugendlichen vermittelt. Dies geschieht über Formeln in Kombination mit
Vorstellungsbildern, die die Entspannungsreaktionen unterstützen.

Mit Hilfe der sich daran anschließenden Entspannungsgeschichten für Jugendliche werden Wege zur inneren Ruhe angeboten.

Entspannungstraining mit Kindern – Abenteuerreisen mit dem Zauberfahrzeug

Die im folgenden beschriebenen Übungen und Geschichten können mit Kindern einzeln oder in der Gruppe durchgeführt werden. Die Übungen des Autogenen Trainings sowie die Entspannungsgeschichten können Kindern ab etwa 5 Jahren vorgelesen werden. Sie helfen beim Abschalten, Ruhigwerden und als Einschlafhilfe. Kindern ab 8 Jahren können die Entspannungsübungen so vermittelt werden, daß sie diese auch eigenständig durchführen, das heißt alleine auf Abenteuerreise gehen können. Generell ist es wichtig, mit den ÜT vor Durchführung der Übungen zu klären, ob sie alle erwähnten Körperteile kennen. Günstig ist hierbei auch die Verwendung von Arbeitsblättern oder eines Torsos.

Autogenes Training mit Kindern

Erwachsene führen das Autogene Training mit bestimmten formelhaften Instruktionen (»Mein rechter Arm ist schwer«) durch. Für Kinder ist es einfacher und spannender, die Übungen auf spielerische Art zu erlernen und durchzuführen. In der hier beschriebenen Art wird ein Zauberfahrzeug erfunden, mit dem die ÜT im Körper auf Entdeckungsreise gehen können. Die herbeizuführenden Entspannungsreaktionen (wie Schwere, Wärme) werden durch Vorstellungsbilder, die alle im Zusammenhang mit dem Zauberfahrzeug stehen,

unterstützt. Im folgenden wird nur auf die Schwere- und Wärmeübung eingegangen, da mit diesen zwei Übungen schon eine sehr gute Entspannung zu
erzielen ist. Gerade in der Arbeit mit Kindern ist es wichtig, die Übungsstunden
abwechslungsreich und durch Spielen und Malen aufzulockern. Ein starres
Einüben aller Unterstufenübungen des Autogenen Trainings würde schnell auf
Langeweile und Unlust stoßen.

Kennenlernen des Zauberfahrzeugs

Es werden folgende Instruktionen gegeben

Leg dich bequem auf den Rücken, die Arme liegen neben dem Körper, die Beine sind ausgestreckt und fallen bequem auseinander. Schließ nun die Augen und achte nur noch auf das, was ich dir jetzt sage. Wir machen heute eine Reise durch deinen Körper, und dazu brauchst du ein Zauberfahrzeug. Mit diesem kannst du in deinem Körper umherfahren. Stell dir vor, wie dein Zauberfahrzeug aussieht … Vielleicht ist es eine durchsichtige Kugel … oder ein Raumfahrzeug … ein Unterseeboot … ein Auto … oder irgendein anderes Fahrzeug … Betrachte es genau und achte dabei auf die Form und die Farbe … Vielleicht hat es sogar einen Namen …

Du steigst nun in dein Zauberfahrzeug und blickst dich um, wie es innen eingerichtet ist. Dabei siehst du einen Zauberanzug, der dich auf deiner Reise vor Gefahren schützt. Du beginnst ihn anzuziehen. Du streifst ihn über die Beine und spürst, daß sie ganz ruhig werden … Jetzt streifst du ihn über die Arme … Die Arme werden ganz ruhig … und zum Schluß setzt du dir noch den Helm auf. Nun suchst du dir in deinem Zauberfahrzeug einen Ort, an dem du dich bequem hinsetzen kannst … Gespannt ziehst du jetzt an dem Hebel, der neben deinem Sitzplatz aus dem Boden ragt, und langsam setzt sich dein Fahrzeug in Bewegung. Du merkst dir, daß dies der Hebel ist, mit dem du dein Fahrzeug zum Abfahren und Anhalten bringen kannst. Die Richtung und Schnelligkeit der Fahrt bestimmst du durch deine Gedanken.

Du fährst nun langsam von deinem Standort aus hoch zur rechten Schulter … und stellst fest, daß dein Fahrzeug überall da, wo es entlang fährt, bunten Zaubernebel hinterläßt. Du bist nun in der rechten Schulter angelangt und steuerst dein Fahrzeug durch den rechten Arm: durch den Oberarm … durch den Unterarm … bis in die Hand … und in der Hand in jeden einzelnen Finger … Und nachdem du nun mit deinem Fahrzeug zum Zurückfahren gewendet hast, stellst du fest, daß der bunte Zaubernebel so dicht ist, daß du fast nichts mehr erkennen kannst. In diesem Moment blinkt eine rote Taste auf, die du neugierig drückst. Und sofort merkst du, was du dadurch bewirkt hast: Du hast zwei Scheinwerfer an deinem Fahrzeug eingeschaltet, mit deren Hilfe du trotz des Nebels eine ganz klare Sicht hast. So kannst du dein Fahrzeug wieder sicher durch den Arm zurücklenken … durch die Hand … den Unterarm … Überall da, wo das Zauberfahrzeug entlang fährt, spürst du ein Kribbeln oder Kitzeln, das immer stärker wird … Du fährst weiter durch den Oberarm … bis in die Schulter, dort bleibst du kurz stehen und achtest auf das Kribbeln in deinem rechten Arm … Du fühlst dich dabei ganz ruhig.

Das Fahrzeug fährt jetzt weiter von der rechten Schulter, am Hals vorbei, zur linken Schulter. Dann fährst du langsam durch den linken Arm … *(Anweisung analog zum rechten Arm)*.

Das Zauberfahrzeug fährt nun weiter durch den Bauch … zum rechten Bein … und fährt dann langsam durch das rechte Bein … Du siehst wieder die bunte Nebelspur, die es hinterläßt. Es fährt durch den Oberschenkel … am Knie vorbei … durch den Unterschenkel … bis in den Fuß … und da in jeden einzelnen Zeh … Und dann fährst du es wieder zurück. Dazu schaltest du erneut den Suchscheinwerfer ein und lenkst es nun sicher durch das rechte Bein entlang nach oben … durch den Fuß … den Unterschenkel … Du bemerkst auch im rechten Bein das Kribbeln oder Kitzeln, überall dort, wo das Fahrzeug entlang gefahren ist. Du fährst weiter am Knie vorbei … und durch den Oberschenkel. Dann bleibst du wieder stehen und achtest auf das Kribbeln in deinem rechten Bein. Dabei fühlst du dich ganz ruhig.

Du lenkst dein Fahrzeug jetzt weiter zum linken Bein … *(Anweisung analog zum rechten Bein)*.

Zurückholen aus der Entspannung (Beenden der Reise)

Du fährst nun mit deinem Zauberfahrzeug an einen Platz, an dem du es bis zur nächsten Reise abstellst, und denkst auch daran, den Haltehebel zu ziehen … Dann setzt du den Helm ab und ziehst den Zauberanzug aus. Dabei spürst du, daß das Kribbeln oder

Kitzeln aus den Armen weicht, als du den Anzug über die Arme streifst. Als du ihn über die Beine streifst, hört dieses Kribbeln ebenfalls in ihnen auf. Du verläßt jetzt das Fahrzeug, öffnest die Augen, atmest tief durch und streckst dich ganz kräftig, so wie morgens nach dem Aufwachen.

Übersicht über den weiteren Ablauf des Autogenen Trainings

Die Einleitung der Entspannungsübung (Einsteigen in das Zauberfahrzeug und Anziehen des Zauberanzugs gekoppelt mit der Ruhevorstellung) sollte immer gleichlautend sein, damit sich der Körper des ÜT schon durch diese Instruktionen auf Entspannung/Ruhe einstellt. Dann folgen die hier im Anschluß beschriebene Schwere- und Wärmeübung.

Das Zurückholen aus der Entspannung (Abstellen des Zauberfahrzeuges, Ausziehen des Anzugs mit nachfolgendem Dehnen und Strecken aller Gliedmaßen) sollte auch möglichst immer gleich sein.

Einüben der Schwere

Der Schwereeffekt läßt sich dadurch erzeugen, daß die Instruktion gegeben wird, die bunten Rauchwolken, die das Zauberfahrzeug hinterläßt, werden schwerer und schwerer. Damit werden auch die Arme oder Beine immer schwerer und sind schließlich schwer wie Blei.

Einüben der Wärme

Der Wärmeeffekt läßt sich beispielsweise auf folgende Art erzeugen: In das Zauberfahrzeug wurden neue Scheinwerfer eingebaut. Beim Einschalten erzeugen sie Wärme. Dadurch werden die Arme oder Beine wärmer und wärmer.

Hinweis

Es kann auch sinnvoll sein, einen Phantasiereisegefährten einzuführen. Dieser kann zum Beispiel als Wissensvermittler über Körperprozesse eingesetzt werden. Im folgenden wird eine Möglichkeit der Einführung eines solchen Phantasiegefährten in einer Phantasiereise aufgezeigt:

Du hörst auf einmal ein Piepsen in deinem Helm, so als würde jemand versuchen, mit dir Kontakt aufzunehmen. Du wunderst dich erst, weil du nicht weißt, wer es sein könnte. Auf einmal taucht neben dir ein Fahrzeug auf, das wie eine Frisbeescheibe aussieht. Du kannst jetzt über deinen Helm klar und deutlich eine Stimme zu dir sprechen hören: »Du brauchst keine Angst vor mir zu haben. Ich bin in dem Fahrzeug neben dir. Mein Name ist Stups und ich würde dich gerne auf deinen Reisen begleiten. Ich kenne mich gut in deinem Körper aus und kann dir einiges zeigen und erklären.«

Anregungen zur Gestaltung der Übungsstunden

Entsprechende Anregungen können im Abschnitt *Autogenes Training mit Jugendlichen* nachgelesen werden.

Geschichten zum Finden und Anwenden von hilfreichen Selbstinstruktionen

Ziele und Aufbau der Geschichten

Die nun folgenden Geschichten sind in der hier beschriebenen Form für Kinder ab 8 Jahre gedacht. Die Übungen sind mit Kindern einzeln oder in der Gruppe einsetzbar.

Das Anwenden von Selbstinstruktionen bewirkt eine kognitive Umstrukturierung. Diese formelhaften Vorsätze, wie »Angst geht vorbei, Mut wird frei«, sind gedachte Sätze, die dem Kind helfen sollen, mit einem Problem, zum Beispiel Angst vor Arbeiten in der Schule, besser umzugehen. Das Kind soll mit Hilfe der folgenden Geschichten durch Beobachten anderer (Modelllernen) lernen, solche ihm hilfreichen Sätze zu erfinden bzw. die in den Geschichten verwendeten Sätze zu übernehmen und dann auch im Alltag anzuwenden.

Selbstinstruktionen fördern die Sicherheit im Umgang mit wiederkehrenden belastenden Situationen. Das Zutrauen in die eigenen Handlungsmöglichkeiten steigt.

Die Hilfssätze sollten kurz und positiv, in Form von Regeln formuliert sein, die sich möglichst reimen sollten. So prägen sie sich gut ein und sind dem Kind bei Bedarf auch schnell präsent.

Im folgenden sind verschiedene Geschichten dargestellt, die Kindern beim Auffinden oder Übernehmen sowie praktischen Anwenden solcher Hilfssätze helfen.

Grundlage aller Geschichten ist das im Abschnitt *Autogenes Training mit Kindern* eingeführte Zauberfahrzeug. Es sind also weitere Vorstellungsreisen mit dem erdachten Phantasiefahrzeug.

Dieses Piktogramm weist am Anfang und Ende einer Geschichte darauf hin, daß die Hinführung zur und die Rückholung aus der Entspannung genauso erfolgen kann, wie unter *Autogenes Training mit Kindern* beschrieben.

Gemeinsames Prinzip der Geschichten ist, daß die Kinder mit einem sie selbst betreffenden Problem konfrontiert werden und dann durch Modellernen im Umgang mit diesem Problem neue Lösungsmöglichkeiten kennenlernen. Anschließend erfahren sie etwas über die Anwendung und den Erfolg der neuen Lösungsmethode.

Nach dem Vorlesen der Geschichte sollten mit dem Kind die in der Geschichte verwendeten Selbstinstruktionen gesammelt werden. Vielleicht fallen ihm auch noch neue, vielleicht schon selbst ausprobierte Hilfssätze ein. Im weiteren kann auch im Rollenspiel (oder in der Vorstellung) der Einsatz in einer aktuellen, das Kind betreffenden Situation geübt werden. Zur Protokollierung der Anwendung im Alltag können Beobachtungsbögen benutzt werden.

Besuch beim Zahnarzt (Umgang mit Angst)

Zu Beginn der Phantasiereise die ÜT in das imaginäre Zauberfahrzeug einsteigen lassen. Die Vorstellung dann auf einen Stadtbummel mit dem Zauberfahrzeug lenken.

Geschichte

Du fährst mit deinem Fahrzeug, das für andere Menschen unsichtbar ist, durch die Stadt. Betrachte die Häuser, Menschen und das Treiben auf den Straßen … Jetzt kommst du an einer Zahnarztpraxis vorbei und bist gespannt, was der Zahnarzt mit seinen Patienten macht und wie sie sich verhalten. Du hältst dein Fahrzeug vor dem Fenster zum Wartezimmer an und schaust gespannt hinein … Manche der Kinder und auch der Erwachsenen kommen dir sehr aufgeregt vor: Sie wischen ihre verschwitzten Hände am Rock oder der Hose ab, sie blicken ängstlich drein und zittern leicht. Ein Kind weint und wird von der Mutter getröstet. Andere wiederum zeigen keine Angst: Die Kinder spielen, und die Erwachsenen sitzen ruhig da und lesen oder unterhalten sich.

Nun wirfst du einen Blick in das Behandlungszimmer. Im Raum gibt es viele interessante Dinge zu sehen, zum Beispiel den Behandlungsstuhl und allerlei Instrumente … Es sitzt gerade ein Kind, das so alt ist wie du, auf dem Behandlungsstuhl. Der Zahnarzt schaut in seinen Mund und prüft, ob alles in Ordnung ist. Dabei sagt er zur Arzthelferin: »Zahnstein entfernen und ein kleines Loch muß gefüllt werden.« Die Arzthelferin weiß, was sie jetzt zu tun hat. Sie rührt etwas zum Füllen des kleinen Loches an und saugt den Speichel ab, während der Zahnarzt das kleine Loch von fauligen Resten freibohrt.

Das Kind auf dem Behandlungsstuhl zeigt keine Angst, was dich erstaunt. Plötzlich piepst es in deinem Helm, und du weißt erst nicht, was eigentlich los ist. Dann merkst du, daß du Verbindung mit den Gedanken des Kindes im Behandlungszimmer hast. Alles, was es denkt, kannst du mithören. Wie ist das spannend!

Du verhältst dich ganz still, damit dir nichts entgeht. Das Kind denkt sich beim Bohren immer wieder: »1 – 2 – 3 – schnell ist alles vorbei«, »1 – 2 – 3 – schnell ist alles vorbei« … Und ab und zu atmet es bewußt ganz tief ein und ganz tief aus, so als würde dadurch auch alle Angst ausgeatmet werden. Und es scheint wirklich zu helfen. Das Bohren geht schnell vorbei und der Rest, den Mund mit Wasser ausspülen und das kleine Loch füllen, ist nicht mehr schlimm.

Danach wird noch der Zahnstein mit einem ruppigen Bohrer entfernt. Das tut aber nicht weh. Hierbei stellt sich das Kind etwas Lustiges vor: Im Mund sind lauter kleine Zwerge, die mit kleinen Hämmerchen ganz flink den braunen Zahnbelag abklopfen. Die Zwerge sind ein gut eingespieltes Arbeitsteam: Einige hämmern und klopfen, andere sammeln die Bröckchen ein und wieder andere tragen sie in Eimern davon. Vor lauter Eile stürzt ein Zwerg sogar in einen Eimer und steckt fest … Ruckzuck sind alle Zähne wieder weiß.

Du merkst jetzt, daß du nun nicht mehr die Gedanken des Kindes hören kannst, siehst aber, daß es fröhlich aufsteht und aus dem Zimmer geht. Mit Hilfe lustiger Vorstellungen und Sätzen, die Mut machen, ließ sich der Zahnarztbesuch gut überstehen.

Wie gewohnt die Kinder aus der Entspannung zurückholen und das Zauberfahrzeug wieder auf dem Parkplatz im Körper abstellen lassen.

Nach der Übung

Austausch und Sammeln von bisherigen Angstbewältigungsstrategien der ÜT, beispielsweise Angst vor Arbeiten in der Schule oder bei Arztbesuchen. Selbstinstruktive Sätze entwickeln lassen.

Planet der guten Ideen (Ängste in der Schule)

Ins Zauberfahrzeug einsteigen, Zauberanzug anziehen und Helm aufsetzen lassen.

Geschichte

Heute willst du ausprobieren, ob du mit deinem Fahrzeug auch die Erde verlassen und zu fremden Planeten fliegen kannst. Du bist gespannt, was dich da erwartet. Um dich zu beruhigen, atmest du gleichmäßig ein und aus, ein und aus und spürst dabei, wie sich deine Bauchdecke regelmäßig hebt und senkt, hebt und senkt … Mit jedem Atemzug wirst du ruhiger und die Spannung weicht aus deinem Körper … Du weißt auch, daß du jederzeit wieder zur Erde zurückkehren kannst.

Nun konzentrierst du dich fest darauf, mit deinem Fahrzeug die Erde zu verlassen und im Weltraum zu sein … Schon erscheinen verschiedene Planeten, und die Sterne leuchten überall. Die Erde wirkt ganz klein. Sie sieht aus wie eine Kugel, die blau und braun-grün gefärbt ist.

Wenn du dir die Fahrt schnell vorstellst, dann reist du auch mit großer Geschwindigkeit, und wenn du dir die Fahrt langsam vorstellst, ist deine Geschwindigkeit auch langsam. Du gleitest nun in einer dir angenehmen Geschwindigkeit durch das Weltall … fühlst dich leicht und schwerelos und läßt das Fahrzeug einfach fahren …

Du steuerst den nächstgelegenen Planeten an, bist gespannt darauf, was es dort zu erleben gibt. Je näher du kommst, desto merkwürdiger kommt er dir vor. Die Häuser sehen von oben aus wie große, bunte Kugeln, sie häufen sich zu Dörfern oder Städten. Dazwischen stehen große Blumen, Bäume und Sträucher. Alles wirkt irgendwie fremd, aber freundlich.

Dein Fahrzeug landet auf einem Parkplatz, auf dem viele fliegende Untertassen geparkt sind. Du steigst aus und betrachtest die Planetenbewohner: Sie haben einen großen

Körper mit kurzen Armen und Beinen. Der Kopf ist ebenfalls klein und zwei Antennen sitzen darauf. Die Gesichter sehen freundlich aus. Du wunderst dich, daß sie dich nicht beachten und du ihre Sprache verstehst. Dann merkst du, was los ist: Dein Anzug macht dich unsichtbar und im Helm ist ein Sprechgerät, das fremde Sprachen in deine Sprache übersetzt.

Am Rande des Parkplatzes steht eine große Plakattafel, auf der zu lesen ist: »Willkommen auf dem Planeten der guten Ideen«. Neugierig gehst du weiter und betrachtest die merkwürdigen Häuser, Fahrzeuge und Planetenbewohner …

Du kommst zu einem großen Hof und hörst eine laute Klingel. Viele Kinder verschiedenen Alters stürmen aus einem Gebäude in den Hof. Du merkst schnell, daß du vor einer Schule stehst. Da du unsichtbar bist, beschließt du, auf den Hof zu gehen und zu beobachten, welche Spiele die Kinder spielen, und zu hören, was sie über die Schule sprechen …

Du kommst an zwei Mädchen/Jungen *(Geschlecht dem der ÜT anpassen)* vorbei, die in deinem Alter sind. Du betrachtest sie interessiert. Die eine Schülerin ißt gerade so etwas wie eine rote Banane, und beim Hineinbeißen kracht es wie bei einem Apfel. Sie erzählt, daß sie heute in Mathematik an die Tafel gerufen wurde und eine schwere Aufgabe vorrechnen sollte. Als sie vom Lehrer aufgerufen wurde, war sie so aufgeregt, daß sie plötzlich alles vergessen hatte, obwohl sie die Aufgaben zu Hause leicht lösen konnte. Aber vor der ganzen Klasse schien es nicht zu gehen. Beim Vorgehen an die Tafel wurde ihr übel.

Doch als sie die Kreide nahm und die Rechenaufgabe vorlas, kam ihr eine Idee: Sie atmete zweimal tief durch und sagte sich mehrmals leise: »Angst geht vorbei, gute Gedanken werden frei«. Und tatsächlich verschwand die Übelkeit und der Lehrer und die anderen Schüler/innen waren vergessen.

Sie löste die Aufgabe richtig, und als der Lehrer sie lobte, dachte sie stolz: »Das war eine gute Idee! Ich werde jetzt immer, wenn ich Angst an der Tafel habe, tief durchatmen und an meinen Satz ›Angst geht vorbei, gute Gedanken werden frei‹ denken.«

Du prägst dir den Satz ein, vielleicht kannst du ihn ja auch einmal gebrauchen …
Dann gehst du zu deinem Fahrzeug zurück …

Langsam kommt dir eine Idee, was das Plakat, daß du kurz nach der Landung auf dem Parkplatz gesehen hast, bedeuten könnte. Es stand darauf: »Willkommen auf dem Planeten der guten Ideen«. Es scheint zu bedeuten, daß man hier gute Ideen bekommt, wie man mit Hilfe von Sätzen Mut machen oder Angst nehmen kann. Ob es bei dir auch klappt? Vielleicht findest du auch einen Satz, der dir bei einem Problem helfen könnte. Du denkst nach, ob dir ein Satz einfällt … Du steigst in dein Fahrzeug ein und fliegst zur Erde zurück, indem du dich auf den Rückflug konzentrierst. Während du durch das Weltall gleitest, betrachtest du wieder die Sterne und nimmst die Ruhe wahr …

Mit dem Zauberfahrzeug aus der Geschichte zurückführen.

Weitere Beispiele zur Anwendung von hilfreichen Selbstinstruktionen

Die Geschichte »Planet der guten Ideen« läßt sich für viele andere Problemdarstellungen abändern. Auch hier läßt sich das Zauberfahrzeug gut zur Hinführung und Rückführung einsetzen. Hier sind einige Beispiele für Lösungshinweise:

Abendliche Einschlafschwierigkeiten

Wenn Kinder nicht einschlafen können, weil sich ihre Gedanken um eine bevorstehende Arbeit oder etwas anderes sie Belastendes drehen und kein Abschalten möglich ist, könnte in die Vorstellungsübung folgende Lösungsmöglichkeit eingebaut werden:

»Stop« sagen und an etwas Schönes denken. Dies jedesmal wiederholen, wenn die Gedanken auf das belastende Thema kommen.

Umgang mit Wut

Manche Kinder verlieren bei Hänseleien schnell die Kontrolle über sich, was andere dazu verleitet, die Hänseleien fortzuführen. In die Phantasiereise kann als modellhaft vorgegebene Selbstinstruktion folgender Reim eingebaut werden: »Zum einen Ohr rein – zum anderen Ohr raus, ich mach mir nichts draus.« Für Kinder, die ihre Wut nicht äußern, mag folgender Satz wichtig sein: »Ich zeige meinen Ärger und fühl mich gleich schon stärker.«

Bettnässen

Die Kinder sollten angeleitet werden, nachts im Bett noch eine Entspannungsübung durchzuführen. Sie haben dann das Gefühl, sie können mithelfen, etwas gegen ihr Problem zu unternehmen. Mit der Entspannungsübung können folgende Selbstinstruktionen verbunden werden: »Meine Blase ist nachts besonders groß.« »Ist die Blase voll heut nacht, macht mich mein Blasenwecker wach.«
Hinweis: Falls die Entspannungsübung so wie im Abschnitt *Autogenes Training mit Kindern* beschrieben durchgeführt wird, läßt sich auch die Vorstellung einführen, daß sich der Zaubernebel in der Blase ausbreitet, diese groß macht und entspannt.

Nach allen Übungen

Die in der Geschichte verwendeten hilfreichen Sätze werden gesammelt, besprochen und eigene Selbstinstruktionen entwickelt.

Entspannungsgeschichten für Kinder

Die Geschichten können für sich alleine, aber auch nach Durchführung einer Entspannungsübung erzählt werden. Exemplarisch wird bei der ersten Entspannungsgeschichte »Am Teich« erläutert, wie die Übergänge mit dem Zauberfahrzeug gestaltet werden können. Das Piktogramm erscheint am Anfang und Ende einer jeden Entspannungsgeschichte, um auf die Möglichkeit aufmerksam zu machen, das Zauberfahrzeug für die entspannende Hinführung und Rückführung zu nutzen.

Wenn Sie weitere Entspannungsgeschichten selbst erfinden wollen, ist es wichtig, verschiedene Sinnesqualitäten (Sehen, Hören, Riechen, Fühlen usw.) sowie Bilder der Ruhe und des gleichmäßigen Atmens aufzunehmen.

Am Teich

Einleitung mit dem Zauberfahrzeug

(Wie im Abschnitt »Autogenes Training mit Kindern« beschrieben; dann das Fahrzeug durch die Gedanken aus dem Körper hinaussteuern lassen.)
Du fährst zu einem kleinen Bach, der durch eine blühende Sommerwiese in vielen Windungen verläuft. Du denkst einfach ganz fest an den Bach und die Wiese, auf der viele verschiedene Blumen stehen … und schon bist du dort. Dein Fahrzeug liegt auf dem Wasser, das dich sicher trägt …
(weiter siehe »Fortsetzung der Geschichte«)

Einleitung ohne vorherige Entspannungsübung

(Die ÜT setzen oder legen sich bequem hin und schließen die Augen.)
Stell dir eine blühende Sommerwiese vor, auf der viele verschiedene Blumen stehen. Durch diese Wiese verläuft ein kleiner Bach in vielen Windungen, und du siehst ein kleines, kugelförmiges Fahrzeug aus dem Wasser aufsteigen. Stell dir jetzt vor, du bist so klein, daß du in dieses Fahrzeug hineinpaßt und du es dir darin gemütlich machst. Dein Fahrzeug liegt wie ein Boot auf dem Wasser, das dich sicher trägt …
(weiter siehe »Fortsetzung der Geschichte«)

Fortsetzung der Geschichte

Der Bach plätschert langsam und friedlich vor sich hin, und ebenso langsam und gleichmäßig bewegt sich dein Fahrzeug vorwärts. Du öffnest das Dachverdeck und spürst die Wärme der Sonne auf dir. Während du an der Wiese entlangfährst, betrachtest du die dünnen Grashalme, die am Rande des Baches stehen und sich zu dir herunterbeugen. Manchmal hörst du auch, wenn dein Fahrzeug vorsichtig an den Wurzeln von Sträuchern oder Bäumen, die am Rande des Baches stehen, entlangstreift. Das Wasser ist ganz klar. Auf dem Grund liegen Kieselsteine, große und kleine, ovale und runde. Deine Fahrt führt dich zu einem einsamen Teich, auf dem viele gelbe Seerosen blühen. Manche liegen einzeln auf dem Wasser, andere stehen in Gruppen zusammen. Du wirst nahe an eine Seerosengruppe herangetrieben, nimmst ihren Duft wahr und betrachtest die feinen Rippen in den großen, grünen Blättern. Bienen schwirren um die Blüten herum. Sie suchen Blütenstaub, um daraus Honig zu machen. Du hörst ihr leises Summen. Das Fahrzeug schaukelt sanft auf und ab, auf und ab, und ebenso geht deine Atmung langsam und gleichmäßig ein und aus, ein und aus …

In der Ferne hörst du Frösche quaken. Sie sitzen auf den großen Seerosenblättern und im Schilf, das am Rande des Teiches steht. Zwischen den Schilfstengeln haben sich einige Enten zum Schlafen hingelegt und ihren Schnabel unter einen Flügel gesteckt. Libellen tanzen über die Wasseroberfläche und lassen sich durch einzelne Fische, die Sprünge über das Wasser machen, nicht stören. Beim Auf- und Eintauchen der Fische bilden sich kreisförmige Wellen auf dem See, die langsam größer werden und dann verschwinden. Du spürst die Ruhe des Teiches, sie überträgt sich auch auf dich … Du fühlst dich wohl und zufrieden …

Verschiedene Arten des Zurückholens
Geschichte mit einführender Entspannungsübung

Nun ist es Zeit, zurückzukehren. Du schließt das Fahrzeugverdeck und konzentrierst dich auf den Parkplatz in deinem Körper, wo du dein Zauberfahrzeug immer abstellst …
(Die ÜT dann wie unter »Autogenes Training mit Kindern« beschrieben zurückholen.)

Öffne nun wieder deine Augen, atme tief durch und strecke dich ganz kräftig.

Der fliegende Teppich

 oder

(Die ÜT setzen oder legen sich bequem hin und schließen die Augen.)

Geschichte

Stell dir vor, du gleitest mit einem fliegenden Teppich durch die Luft. Du konzentrierst dich ganz fest darauf … und schon bist du auf einem wunderschönen Teppich, hoch oben am sonnigen Himmel … Es ist herrlich, so sicher über die Erde hinwegzuschweben. Unter dir sieht es wie in einem Farbkasten aus: Da sind rote Farbtupfer, die zu Hausdächern gehören; hell- und dunkelgrüne Farbflecke, denen du Wiesen und Wälder zuordnest; gelbe Farbkleckse, die dir zeigen, wo reife Kornfelder stehen. Die blauen Farbflecke gehören zu Flüssen und Seen.

Du beschließt etwas tiefer zu gehen und kannst nun kleinere und größere Städte und Dörfer unterscheiden, um die herum viele Felder liegen. Auf manchen Feldern fahren Bauern mit ihren Traktoren, Leute graben Kartoffeln aus der Erde oder rechen Heu zu Haufen zusammen. Am Rande der Felder spielen Kinder. Einige verstecken sich hinter den Büschen.

Neben dir gleitet ein Adler durch die Luft. Seine Augen sind starr nach unten gerichtet, da er nach Beute Ausschau hält. Er scheint dich nicht zu bemerken.

Die Luft um dich herum ist durch die Sonne etwas erwärmt. Du spürst sie wie ein angenehm warmes Luftpolster. Du bist ausgeglichen und fühlst dich wohl …

Das Dorf unter dir möchtest du genauer ansehen, und so fliegst du noch etwas tiefer hinunter. Alles wirkt still, es sind fast keine Menschen unterwegs. Du kannst jetzt einzelne Häuser unterscheiden. Auf einer kleinen Anhöhe erkennst du die Kirche mit ihrem hohen Turm. Nicht weit davon entfernt steht ein großes Gebäude mit einem riesigen Hof. Das muß die Schule sein. Neben der Schule, auf dem gepflasterten Marktplatz, befindet sich ein alter Brunnen. Kinder werfen Steine hinunter, die laut auf dem Wasser aufklatschen und dabei kreisförmige Wellen bilden. Die Kinder zählen langsam die Sekunden vom Fallenlassen der Steine bis zum hörbaren Aufklatschen und wollen so die Tiefe des Brunnens feststellen.

Du spürst, wie dein Teppich sanft vom Wind getragen wird. Du läßt dich von ihm weitertragen. Er schwebt weiter und trägt dich wieder höher hinauf. Du betrachtest die Erde in aller Ruhe von oben … und fühlst dich dabei ausgeglichen und zufrieden …

Dein Teppich landet jetzt an einem Ort, wo du dich wohl fühlst …

 oder

Öffne nun wieder die Augen, atme tief durch und strecke dich.

Erfrischender Regen

 oder

(Die ÜT setzen oder legen sich bequem hin und schließen die Augen.)

Geschichte

Du möchtest heute nach einem erfrischenden Regen in der Natur auf Entdeckungsreise gehen. Du denkst ganz fest an eine Wiese, die vor einem Wald liegt … und schon stehst du auf dieser Wiese.

175

Du hörst ein leises Rascheln und Murmeln und siehst auf den Grashalmen und Blumen kugelförmige Regentropfen liegen. Du bleibst regungslos stehen und kannst beobachten, wie sich alle Pflanzen drehen und recken und sich dabei mit leisen Stimmchen unterhalten: »Tut das gut!«, »Jetzt bin ich wieder herrlich wach und erfrischt!« Du bist still, um sie nicht dabei zu stören oder gar zu erschrecken.

Am Himmel ziehen langsam die letzten grauen Wolken an der Sonne vorbei, und ihre hervorkommenden Strahlen funkeln in den Regentropfen, die auf Halmen, Blüten und Blättern hängen. Die Wassertropfen schimmern wie kleine Edelsteine. Die Wiese duftet frisch. Auch auf dem Boden tut sich einiges. Käfer krabbeln aus ihren Erdlöchern, reiben sich die Augen und marschieren dann die Grashalme hinauf. Einige Schnecken strecken den Kopf aus ihrem Haus, fahren ihre Fühler aus und kriechen dann langsam vorwärts. Die Luft ist klar und am Rande der Wiese siehst du den Beginn eines Regenbogens, der in allen Farben leuchtet – rot, gelb, lila, grün und blau. Er spannt sich über einen Wald, auf den du nun zugehst …

Im Wald riecht es nach Harz und frischem Holz. Der Boden fühlt sich weich und federnd an unter deinen Schuhen … Durch die Baumwipfel fallen Sonnenstrahlen. Sie glitzern in den Wassertropfen, die auf den Blättern der Büsche und den kleineren Bäumchen hängen.

Du gehst auf dem Waldboden weiter und siehst verstreut einige Pilze zwischen den Laubblättern herauslugen und kannst sogar erkennen, wie sie höher und höher wachsen. Der Pilzgeruch breitet sich im Wald aus. Auf dem Boden entsteht ein Durcheinander: Verschiedene Käfer krabbeln unter dem Wurzelwerk der Bäume hervor, Ameisen schauen aus ihrem Bau heraus und ein noch nicht ganz wacher Igel reibt sich die Augen.

Und auch du fühlst dich vom regen Treiben um dich herum angesteckt und gestärkt. Mit jedem Atemzug merkst du, wie sich dein Körper mit Kraft und Energie füllt und diese Kraft durch deinen Körper strömt …

 oder

Öffne jetzt wieder die Augen, atme ganz tief durch und strecke deine Arme und Beine ganz kräftig.

176

Besuch beim Meereskönig

 oder

(Die ÜT setzen oder legen sich bequem hin und schließen die Augen.)

Geschichte

Du denkst fest an einen Fluß, auf dem du mit einem geschlossenen Fahrzeug gemütlich entlangfährst ... Du treibst auf diesem Fluß entlang und betrachtest die Gegend rechts und links am Ufer ... Plötzlich dreht sich alles um dich herum, und du wirst nach unten gezogen – Gott sei Dank ist das Fahrzeug stabil gebaut! Nach dem Auftauchen befindest du dich auf einem See in einer Unterwasserhöhle, die hell und freundlich wirkt. Du legst am Ufer an, steigst aus und bist gespannt zu erfahren, was das für ein Ort ist.

Im See bilden sich nun Wellen, und eine Nixe taucht aus dem Wasser auf. Sie sagt, du brauchst keine Angst vor ihr zu haben, und langsam läßt dein Schreck nach. Es tauchen noch mehrere Nixen auf, die dir mitteilen, daß du zu ihnen in die unterirdische Stadt kommen darfst, um den Meereskönig kennenzulernen. Diese Gelegenheit willst du natürlich nicht verpassen.

Du steigst wieder in dein Fahrzeug ein und fährst den vorausschwimmenden Nixen hinterher. Wie ein Unterseeboot tauchst du nach unten, fährst durch einen unterirdischen Tunnel und kommst dann ins offene Meer hinaus. Du schwebst über dem hellen Sandboden, fährst an hohen Felsen und riesengroßen Wasserpflanzen vorbei. Einige Fische schauen freundlich durch die Scheibe ins Fahrzeug hinein. Vor dir liegt nun eine große Stadt, und die Nixen leiten dich zum Palast des Meereskönigs.

Auf dem Weg dahin betrachtest du die Häuser dieser Stadt, die wie orientalische Paläste aussehen. In den Gärten wachsen Seegras und hohe Wasserpflanzen, die teilweise auch bunte Blüten tragen. Einige Seepferdchen werden hier unten als Transport- und Arbeitstiere eingesetzt. Nixen reiten auf ihnen, andere ziehen vollgeladene Wägen.

177

Jetzt steht der Königspalast vor dir, der noch prächtiger als die anderen Häuser aussieht. Du stellst das Fahrzeug im Innenhof ab und steigst aus. Mit Hilfe eines Zauberanzuges und eines Helmes kannst du dich auch unter Wasser ohne Schwierigkeiten bewegen. Eine Nixe führt dich durch mehrere prächtige Räume … Dann kommst du in den Thronsaal des Königs. Er sitzt mit einer Krone auf dem Kopf gerade beim Mittagessen und läßt es sich schmecken. Du setzt dich und wartest, bis er fertig ist. Mitessen kannst du ja nicht, da du deinen Helm nicht absetzen kannst. Staunend betrachtest du, was alles auf dem Tisch steht … Der König begrüßt dich nun erfreut. Er ist neugierig darauf, einen Menschen kennenzulernen. Du sollst ihm vom Leben über Wasser erzählen. Während ihr euch unterhaltet, führt er dich im Palast herum: *(langsam vorlesen)* durch große Hallen, in sein Schlafzimmer, den Rittersaal und die Küche.

Zum Schluß führt er dich in den großen Garten, in dem wunderliche Pflanzen wachsen und viele Fische gemütlich herumschwimmen. Der König verabschiedet sich, da er wieder arbeiten muß. Du kannst dich noch im Garten umsehen und auch ausruhen, wenn du möchtest ... Nun erst merkst du, wie müde du von den Aufregungen des Tages geworden bist. Du entdeckst eine Hängematte, die zwischen zwei hohen Wasserpflanzen aufgespannt ist. Du legst dich hinein und fängst an zu dösen. Die Hängematte wird von der sanften Wasserströmung hin- und herbewegt, im gleichen Rhythmus, in dem dein Atem ein- und ausströmt ... ein und aus. Jedesmal beim Ausatmen wirst du schläfriger ... und jetzt ruhst du dich eine Weile aus und träumst von der heute entdeckten Unterwasserwelt ...

 oder

Es ist nun Zeit, daß du von deiner Reise zurückkehrst. Öffne deine Augen, atme tief durch und strecke dich kräftig.

Autogenes Training und Entspannungsgeschichten mit/für Jugendliche/n

Autogenes Training mit Jugendlichen

Ablauf der Übungen

Vorbereitung

Große Matten, auf denen die ÜT gut liegen können, Kissen für den Kopf, eventuell Decken zum Zudecken.

Ablauf

Aus dem Bereich der Unterstufenübungen des Autogenen Trainings werden im folgenden die Atem-, Schwere-, Wärme-, Sonnengeflechts- und Stirnkühleübung aufeinander aufbauend beschrieben. Von der Herzübung wird abgesehen. Zum einen haben die ÜT durch diese fünf Übungen bereits genügend Möglichkeiten zum Entspannen erlernt. Zum anderen wird die Herzübung von vielen Übungsleitern als problematisch angesehen. Entgegen dem klassischen Ablauf des Autogenen Trainings wird die Atemübung an den Anfang gestellt. Dieses Vorgehen hat sich nach unseren Erfahrungen als vorteilhaft erwiesen.

Die beschriebene Übungsabfolge ist als Vorschlag zu verstehen. Es können auch nur Teilübungen herausgegriffen werden, zum Beispiel die Atem- und Schwereübung. Weiterhin kann nach einer Entspannungsübung des Autogenen Trainings auch in eine Entspannungsgeschichte übergeleitet werden (siehe auch Abschnitt *Entspannungsgeschichten für Jugendliche*).

Die Entspannungsübungen sollten mehrfach unter Anleitung des ÜL durchgeführt werden. Zunehmend wird der Schwerpunkt aber darauf verschoben, daß der ÜT die Entspannungsreaktion selbst herbeiführen kann. Neben dem reinen Einüben der Entspannung werden auch damit zusammenhängende Themen,

zum Beispiel Merkmale von Anspannung, individuelle Streßsituationen, einbezogen (siehe »Anregungen zur Gestaltung der Übungsstunden«).

In den vom ÜL vorgegebenen Entspannungsinstruktionen werden jeweils bildhafte Vorstellungshilfen verwendet, die die gewünschten Körpererfahrungen leichter erleben lassen. Diese aufgezeigten Bilder sind jedoch nur als Anregungen zu verstehen. Die ÜT können andere, für ihr Erleben besser passende Bilder anwenden. Als ÜL sollten Sie nur solche Bilder als Hilfen vorgeben, die Ihnen selbst sinnvoll erscheinen.

Wichtige Hinweise

Nach jeder Entspannungsübung sollte ein kräftiges »Zurückholen« erfolgen: Die ÜT sollen sich kräftig dehnen, strecken, tief durchatmen, eventuell etwas Gymnastik machen. Dies dient dazu, den Körperkreislauf wieder zu aktivieren. Danach sollte ein Erfahrungsaustausch erfolgen. Die ÜT bekommen dadurch mit, wie andere die Entspannung erleben. Weiterhin können ungewohnte Körpererlebnisse, wie beispielsweise das Gefühl zu schweben, vom ÜL aufgegriffen und besprochen werden.

Lassen Sie nicht nur im Liegen üben (so erlernt sich das Autogene Training leichter), sondern auch im Sitzen. In sitzender Haltung ist die Entspannungsübung im Alltag unauffälliger anwendbar.

Die Übungen

Vorbereitung

Die ÜT legen sich auf Matten bequem hin. Wer will, kann sich ein Kissen und eine Decke zum Zudecken nehmen.

Einführung in die Entspannung

Leg dich bequem auf den Rücken. Die Arme liegen neben deinem Körper, die Beine sind ausgestreckt und fallen bequem auseinander. Achte darauf, daß nichts drückt, kein Gürtel und keine Brille … Schließ dann deine Augen und spüre die Unterlage unter dir. Achte darauf, wie sie sich unter dem Kopf anfühlt … den Schultern … den Armen … dem Rücken … dem Po … und den Beinen …

Atemübung

Beobachte deine Atmung, wie sie regelmäßig ein- und ausgeht, ein und aus … Spüre, wie dabei der Atem gleichmäßig durch die Nase streicht … Und spüre, wie sich auch die Bauchdecke regelmäßig hebt und senkt … hebt und senkt …
Und du spürst, wie jedesmal beim Ausatmen Spannung aus deinem Körper weicht … und du mit jedem Atemzug ruhiger und ruhiger wirst … und noch ein bißchen ruhiger … Und deine Gedanken ziehen einfach vorbei, sie laufen wie ein Film ab. Sie kommen und gehen, und du bist durch nichts mehr abgelenkt.

Zurückholen aus der Entspannung

Du fühlst dich ausgeglichen und zufrieden. Alles, was dich beschäftigt, ist weit weg und erreicht dich im Moment nicht. Du genießt die innere Ruhe und läßt dich durch nichts dabei stören *(drei bis fünf Minuten warten)*.

Jeder kommt nun in seiner eigenen Geschwindigkeit wieder aus der Entspannung zurück. Das kann langsamer oder schneller sein, so wie es für jeden angenehm ist. Und wer dann wach ist, öffnet die Augen, atmet tief durch und dehnt und streckt sich kräftig.

Schwereübung

Nach Einführung der Atemübung, vor dem Zurückholen aus der Entspannung, wird die Schwereübung hinzugenommen. Zuerst wird einzeln in den Armen und Beinen und später in beiden Armen und Beinen zusammen ein Schweregefühl herbeigeführt.

Beispiele für Vorstellungsbilder:
Arme/Beine sind leere Sandsäcke, die sich langsam füllen.
Arme/Beine sind eiserne Hufeisen, die immer tiefer in die Unterlage einsinken.

Formeln:
Der rechte Arm ist schwer (linker Arm, rechtes und linkes Bein analog).
Der rechte Arm ist noch schwerer (restliche Gliedmaßen analog).
Der rechte Arm ist schwer wie Blei (restliche Gliedmaßen analog).

Praktische Hinweise:
Zur Motivierung ist es sinnvoll, die ÜT darauf hinzuweisen, daß die Schwere ein spürbares Entspannen der Muskeln darstellt. Ist ein Arm bereits entspannt, der andere noch nicht, ist es zweckmäßig, die Aufmerksamkeit des Übenden auf den nun wahrnehmbaren Unterschied hinzulenken (Beine analog). Verteilt sich die Schwere in beiden Armen bzw. beiden Beinen ungleichmäßig, kann man das Bild vom Hin- und Herströmen verwenden, bis sich die Schwere gleichmäßig verteilt hat.

Wärmeübung/Sonnengeflechtsübung

Die Wärmeübung wird (ebenfalls vor dem Zurückholen aus der Entspannung) an die Schwereübung angeschlossen.

Vorstellungsbilder:
Die Jugendlichen sollen sich vorstellen, sie liegen an einem angenehm warmen Ort, an dem sie sich wohlfühlen (Schwimmbad, Strand, Wiese usw.). Im weiteren sollen verschiedene Sinne in die Umgebungswahrnehmung einbezogen werden (Sehen, Hören, Fühlen, Riechen).
Es ist günstig, mit der Vorstellung zu arbeiten, daß die Wärme immer tiefer durch alle Hautschichten hindurch in die Arme/Beine eindringt. Hier wäre auch der Bauch sinnvoll einzubeziehen (Sonnengeflechtsübung).

Formeln:
Der rechte Arm ist warm (restliche Körperteile, auch der Bauch, analog).
Der rechte Arm ist noch wärmer.
Der rechte Arm ist ganz warm.

Stirnkühleübung

Als Kontrast zum warmen Körper, und um den Kopf auch explizit in die Entspannung einzubeziehen, wird im Anschluß an die Wärmeübung noch diese Übung durchgeführt. Dies geschieht wiederum vor der Zurücknahme aus der Entspannung.

Vorstellungsbild:
An dem angenehm warmen Ort weht ein kühler Luftzug über die Stirn.

Formel:
Die Stirn ist angenehm kühl.

Anregungen zur Gestaltung der Übungsstunden

Neben dem Einüben des Autogenen Trainings ist es sinnvoll und hilfreich, die Übungsstunden mit Informationen, Gesprächsrunden, Musik und gestalterischen Elementen zu verbinden. Im folgenden sind einige Möglichkeiten aufgeführt:

Theoretische Information über den Hintergrund, Aufbau und Ziele des Autogenen Trainings.

Gespräche über folgende Themen:
Beispiele aus dem Alltag, bei denen ein Zusammenhang zwischen gedanklichen Vorstellungen und Körperreaktionen auffiel. Beispielsweise bei der Vorstellung einer Zitrone – Speichelfluß; Angst vor Prüfungen in der Schule – feuchte Hände und ein flaues Gefühl im Magen. Danach den Zusammenhang zwischen Gedanken an Ruhe/Entspannung und der körperlichen Reaktion darauf herstellen.
Alltagsbelastungen und individuelle Streßsituationen.
Möglichkeiten des Abschaltens, Entspannens, Regenerierens.
Entspannungsmerkmale auf körperlicher, geistiger, emotionaler Ebene.
Einsatz des Autogenen Trainings im Alltag.
Körperliche Merkmale von Anspannung, Aufregung, Angst; was wird bei sich selbst und bei anderen beobachtet.

Die ÜT sollen angeregt werden, eigene Vorstellungsbilder zum Erleben von Ruhe, Schwere, Wärme etc. zu finden und in Übungen zu verwenden.

Entspannungsmusik einsetzen.

Die ÜT ein Bild zum Thema »Ich bin entspannt« und/oder »Ich bin aufgeregt« malen lassen.

186

Bewegungsspiel: »Ich bin ruhig – ich bin aufgeregt«. Jeder Teilnehmer stellt durch eine Bewegung eine der beiden Erlebnisqualitäten dar. Die anderen raten, was dargestellt wurde.

Zu bestimmten Problemen individuelle formelhafte Vorsätze entwickeln lassen und in die Entspannungsübung einbauen.

Die ÜT erhalten einen Übungsbogen, auf dem über die durchgeführten Übungen und die dabei gemachten Körperwahrnehmungen Protokoll geführt wird. So sind Lernfortschritte sichtbar.

Austeilen eines Merkblattes über die durchgeführten Übungen (mit Angaben zum Ziel, hilfreichem Vorstellungsbild und der Formel).

Die Entspannungsübungen selbst einüben lassen. Das Ziel dabei ist, daß sich der Lernende vom Übungsleiter unabhängig macht und erfährt, daß er sich selbst entspannen kann. Dies kann zum Beispiel derart geschehen, daß der ÜL erst eine Übung unter seiner Anleitung durchführt. In einer zweiten Übung versuchen die ÜT diese Übung alleine zu wiederholen (indem sie sich die Anweisung denken). Es folgt eine Nachbesprechung der Übung.

Merkblatt zum Autogenen Training

Störungsfreie Umgebung, bequem hinsetzen oder hinlegen und die Augen schließen.

1. Atemübung

Ziel: Den Atemrhythmus beobachten, ohne die Atmung aktiv zu beeinflussen.

Bild: Ein zum Atemrhythmus passendes Bild finden (zum Beispiel eine Schaukel).

Formel: »Die Atmung geht gleichmäßig und ruhig.«

2. Schwereübung

Ziel: Muskelentspannung der Arme und Beine.

Bild: Arme/Beine sind leere Sandsäcke, die sich langsam mit Sand füllen.

Formel: »Die Arme/Beine sind schwer, ganz schwer.«

188

3. Wärmeübung/Sonnengeflechtsübung

Ziel: Verstärkte Durchblutung in der Peripherie der Arme/Beine sowie des Bauches.

Bild: An einem angenehm warmen Ort liegen (Strand …).

Formel: »Die Arme/Beine sind warm, ganz warm.«
    »Der Bauch ist warm, ganz warm.«

4. Stirnkühleübung

Ziel: Kühle Stirn als Gegensatz zum warmen Körper.

Bild: Kühler Luftzug weht über die Stirn.

Formel: »Die Stirn ist angenehm kühl.«

Zum Schluß: Kräftig strecken, tief durchatmen.

Entspannungsgeschichten für Jugendliche

Vor der Geschichte müßte abgeklärt werden, ob sich unter den ÜT jemand mit Heuschnupfen befindet. Dann müssen allergische Reaktionen auslösende Allergene (zum Beispiel Blumenwiese) in der Vorstellungsgeschichte vermieden werden.

Alle Entspannungsgeschichten sind Phantasiereisen, in die Ruheszenen und Entspannungsinstruktionen aufgenommen sind. Die Jugendlichen sollen mit Hilfe dieser Vorstellungsgeschichten in einen Entspannungszustand versetzt werden. Es ist allerdings auch möglich, im Anschluß an eine Entspannungsübung aus dem Bereich des Autogenen Trainings in eine solche Entspannungsgeschichte überzuleiten.

In manchen Geschichten folgt nach den Anstrengungen ein Ausruhen und Kräftesammeln, in anderen wird ohne vorherige Anstrengung auf ein Erfrischen und Energieaufnehmen eingegangen. Bei anderen Geschichten bietet sich eine anschließende Sammlung und Besprechung von individuellen Streßsituationen und schon ausprobierten Möglichkeiten der Streßbewältigung an.

Hinweise zum eigenen Gestalten von Entspannungsgeschichten

In den Vorstellungsgeschichten werden bildhafte Ruheszenen (mit oder ohne vorherige Anstrengung) beschrieben. Hierbei sollen möglichst viele Sinne (Sehen, Hören, Riechen, Fühlen, eventuell Schmecken) angesprochen werden.

Oase in der Wüste

Vorbereitung

Begriffe wie Beduine, Karawane erklären.
Die ÜT legen oder setzen sich bequem hin und schließen die Augen.

Geschichte

Stell dir vor, du reitest mit einer Kamelkarawane durch die Wüste. Du bist wie ein Beduine gekleidet, trägst einen weißen Umhang und eine Kopfbedeckung. Ihr habt einen langen Ritt unter der heißen Sonne hinter euch und der Wasservorrat geht zur Neige. Ihr müßt sparsam damit umgehen, und du bist durstig. Dein Kamel geht mit gleichmäßigen Schritten ausdauernd weiter.

In der Ferne siehst du plötzlich einen dunklen Punkt. Als ihr darauf zureitet, erkennst du immer deutlicher, daß es eine Oase ist. Du siehst die Palmen und einige weiße Zelte, die hell im Sonnenlicht leuchten. Nachdem ihr die Oase erreicht habt, steigst du ab. Dein Blick wandert umher, du suchst einen Brunnen oder See, wo du dich erfrischen kannst. Auf deiner Suche erblickst du Kamele, die friedlich im Schatten der Palmen und Sträucher liegen. Vor den Zelten sitzen Menschen, die kochen oder sich ausruhen.

In der Mitte der Oase befindet sich ein großer See, zu dem du mit deinem Kamel hingehst. Das Tier fängt sofort zu trinken an, und auch du kniest dich hin, schöpfst mit der hohlen Hand Wasser und trinkst es. Du fühlst dich zunehmend frischer, als du spürst, wie das kühle Wasser durch deinen Mund läuft …

Du spürst auf einmal die Müdigkeit und die Anstrengungen des langen Rittes durch die Wüste und suchst dir ein gemütliches Plätzchen, an dem du dich hinlegen kannst. Dein Körper fühlt sich schwer und träge an, du schließt die Augen und hörst, wie sich die Palmenwipfel gleichmäßig im leichten Wind hin- und herbewegen. Sie tun dies im Rhythmus deiner Atmung. Beim Einströmen der Luft bewegen sie sich in die eine Richtung, beim Ausströmen in die andere … Mit jedem Atemzug wirst du ruhiger und schläfriger, die Geräusche rücken in immer größere Ferne. Du döst eine Weile … Dabei fühlst du dich ruhig, zufrieden und ausgeglichen …

Jetzt schubst dich das Kamel sanft mit seinem Kopf an. Es ist Zeit weiterzureiten. Du erwachst aus deinem Halbschlaf, stehst auf und gehst noch einmal zum See. Dort trinkst du und wäschst dein Gesicht mit dem kühlen, klaren Wasser. Du machst dich für den Weiterritt fertig, steigst auf das Tier und reitest zu den anderen Mitgliedern der Karawane, die bereits am Ende der Oase warten.

(Holen Sie jetzt die ÜT wieder aus der Entspannung zurück.)

Tautropfen am Morgen

Ziel

Neben der Entspannung soll die Geschichte zur Auseinandersetzung damit anregen, was den Jugendlichen Kraft für die Anforderungen des Lebens und für das Erreichen von Zielen gibt.

Geschichte

(Die ÜT legen oder setzen sich bequem hin und schließen die Augen.)
Stell dir vor, du bist eine Pflanze – beispielsweise ein Baum, eine Blume, ein Strauch oder etwas anderes ….

Es ist morgens, alles ist still, und du erwachst aus dem Nachtschlaf. Blicke dich um, in welcher Umgebung du stehst. Was kannst du sehen? … Vielleicht ist auch etwas zu hören … zu riechen … oder zu fühlen … zum Beispiel die ersten Strahlen der aufgehenden Sonne.

Betrachte jetzt dich: deinen Stamm oder Stiel, die Blätter – ihre Form und Größe und wie fein sich die Blattrippen in ihnen verzweigen. Vielleicht hast du auch Blüten?

Du spürst, wie angenehm dich die Tautropfen erfrischen … Fühle, wie du durch ihre Frische immer wacher wirst und dich dadurch veränderst …

Deine Wurzeln stecken in der Erde, die ebenfalls mit frischer Feuchtigkeit getränkt ist. Dein Wurzelwerk streckt sich immer tiefer in den Boden, um die Energie gierig aus ihm aufzusaugen.

Achte jetzt wieder auf die Veränderungen, die durch die Nahrungsaufnahme hervorgerufen werden. Laß diese Energie langsam durch dich strömen: durch den Stengel oder Stamm, durch die Zweige, und laß sie sich dann in den Blättern und Blüten ausbreiten. Die einzelnen Rippen in den Blättern werden immer kräftiger …
(Holen Sie die ÜT wieder aus der Entspannungsgeschichte zurück.)

Nach der Übung

Gespräch über die Pflanze, sie vielleicht malen lassen:

Was ernährt eine Pflanze?

Was gibt dir Kraft?

Was tust du Gutes für dich?

Was tun andere Gutes für dich?

Tropischer Regenwald

Geschichte

(Die ÜT legen oder setzen sich hin und schließen die Augen.)

Stell dir vor, es ist ein warmer Sommertag und du machst mit einigen Menschen, mit denen du gerne zusammen bist, eine Reise durch eine Urwaldlandschaft, weit weg in einem fernen Land.

Ihr treibt mit einem großen Floß auf einem breiten Fluß. Das Floß wird von Einheimischen sicher gelenkt. Das Wasser schimmert grünlich und ist ganz klar. Der Grund ist über und über mit Wasserpflanzen bedeckt. Rechts und links am Ufer stehen riesige Bäume. Sie haben meterlange Äste, die sich immer mehr verzweigen, und einige Wurzeln ragen mächtig aus dem Boden. Blickst du nach oben, hast du den Eindruck, daß die Baumkronen dieser Bäume über dem Fluß wie ein Pflanzenhimmel zusammengewachsen sind. Die Stämme sind teilweise mit Moos bewachsen. Von den Ästen hängen lange Lianen und andere Baumgewächse herab, die sich sanft im leichten Wind hin- und herbewegen …

Am Boden des Urwalds wachsen zwischen den Bäumen hohe Farne und Sträucher, die alle höher sind als du. An manchen Bäumen und Pflanzen hängen große Orchideen, die in allen Farben blühen. Ihr Duft dringt auf das Floß.

Die Luft ist feuchtwarm, und der sanfte Wind wirkt angenehm kühlend. Das Floß treibt gemütlich weiter den Strom hinab und auf einen großen See zu … Auf dem See angelangt siehst du links einen Wasserfall von hohen Felsen hinabstürzen. Du hörst sein Brausen und Tosen und spürst den warmen Sprühregen, den der Wind herüberweht. Am Ufer sonnen sich friedlich einige Krokodile. Sie machen faul ein Auge auf und schielen träge zum Floß herüber, sind neugierig, was sich da auf dem Wasser bewegt. Dann schließen sie wieder ihre Augen und schlafen weiter.

In der Ferne kreischen einige Papageien, ansonsten ist nur das Plätschern des Wassers um dich herum zu hören.

Du suchst dir nun auf dem Floß ein gemütliches Plätzchen zum Hinlegen und Dösen. Du schließt die Augen, spürst die Wärme der Sonne, und dein Körper ist angenehm warm.

Um dich herum ist Ruhe, die auch in dich einkehrt … Mit jedem Atemzug wirst du ruhiger und ruhiger … und dein Körper träger und schwerer … Das sanfte Schaukeln des Floßes auf dem See und das leise Plätschern des Wassers wirken einschläfernd. Du genießt die Ruhe und döst eine Weile …
(Holen Sie die ÜT aus der Entspannung zurück.)

Schnorcheln im Korallenriff

Vorbereitung

Begriffe wie Schnorcheln und Korallenriff erklären, verschiedene Korallenarten und Meeresfische vorstellen.
Die ÜT legen oder setzen sich bequem hin und schließen die Augen.

Geschichte

Stell dir vor, du liegst am Strand und es ist angenehm warm. Du döst in der Sonne und spürst die Wärme auf deinem Körper: auf den Händen und Armen, dem Bauch oder Rücken, auf den Beinen und Füßen. Dein ganzer Körper ist angenehm durchwärmt. Das Meer rauscht, und der Wind streicht sanft über deine Stirn …
Du hast nun Lust, dich etwas abzukühlen. Du stehst auf und reckst dich, um die Müdigkeit und Schwere in deinen Armen und Beinen zu vertreiben. Du hast eine Tauchermaske und Flossen dabei, ziehst beides an und watest ins Wasser hinein. Es ist herrlich blau und von der Sonne erwärmt. Du legst dich mit dem Bauch aufs Wasser, das dich durch seinen Salzgehalt sicher trägt. Durch die Taucherbrille blickst du auf den Meeresgrund und erkennst den hellen, feinen Sand und grünes Seegras. Die Halme wiegen sich mit der leichten Strömung sanft hin und her … hin und her … Du schwimmst auf ein Korallenriff zu, das nicht weit entfernt unter der Wasser-

oberfläche liegt. Im Seegras liegen Schnecken und Muscheln, und einzelne kleine, bunte Fische huschen vorbei.

Nun bist du an dem Korallenriff angelangt, das sich wie eine meterhohe Wand vom Meeresgrund erhebt. Du schwimmst an den Korallen entlang und betrachtest ihre Schönheit. Sie sind in allen Farben vorhanden: lila, hellblau, gelb und braun. Einige sind mit Seegras bewachsen oder sehen wie bemooste Steine aus. Manche haben eine glatte Oberfläche, andere wirken aufgerauht. Sie erscheinen in allen Formen: verästelt wie Hirschgeweihe oder kleine Bäumchen, andere sind kugelförmig.

Dein Körper wird von dem sanften Wellengang hin- und hergewiegt. Du liegst nur da und schaust nach unten, das Wasser trägt dich sicher, und du spürst, wie die Ruhe der stillen Unterwasserwelt in dich einkehrt … wie du die Ruhe und Stille genießt …

Zwischen den Korallen erblickst du große und kleine bunte Fische. Teilweise huschen sie vereinzelt umher, andere sind in Schwärmen unterwegs. Wenn du dich etwas bewegst, schwimmen sie schnell davon, bleibst du ruhig liegen, kommen sie aus ihren Verstecken wieder hervor. Sie setzen dann ihren Weg fort oder fangen an, im Seegras nach Futter zu suchen.

Du hast Lust weiterzuschwimmen und zu sehen, wie sich die Unterwasserwelt verändert. Du schnorchelst nun durch eine breite Schlucht und bist rechts und links von hohen Korallen umgeben. In dieser Welt ist kein Laut zu hören.

Der helle Sand leuchtet, und ein Fischschwarm mit ganz kleinen, neonfarbenen Fischen flitzt ängstlich unter deinem Körper vorbei. Einige schwarze Seeigel sitzen fest in den Vertiefungen der bunten Korallen verankert. Sie haben ihre langen Stacheln wie einen Fächer ausgebreitet.

Unter dir gleitet ein großer Rochen mit langem Schwanz entlang. Seine Bewegungen wirken graziös und stolz, während er langsam über dem Boden schwebt.

Die Schlucht verbreitert sich und mündet in einen runden Platz, in dessen Mitte sich eine riesengroße, kugelrunde, gelbliche Koralle erhebt. Um diese Koralle herum gibt es viele Wasserpflanzen. Herrlich bunte Fische schwimmen dort herum. Du möchtest nur auf dem Wasser liegen und in aller Ruhe dem lautlosen Treiben der Fische und Pflanzen zusehen.

Du genießt nun eine Weile das sanfte Hin- und Herschaukeln im angenehm warmen Wasser ... und fühlst dich wohl dabei ...
(Holen Sie die ÜT aus der Entspannung zurück.)

Nach der Übung

Von der Thematik her läßt sich diese Entspannungsgeschichte gut als Einstieg in meeresbiologische Themen verwenden, zum Beispiel Meereslebewesen, Meeresverschmutzung.

Zwei Ausbildungsinstitute
mit einschlägigen Weiterbildungsangeboten

Internationale Gesellschaft für Systemische Therapie
Kussmaulstraße 10
6900 Heidelberg

Gestalt-Institut Frankfurt am Main e.V.
Wilhelm-Hauff-Straße 5
6000 Frankfurt am Main 1

KÖSEL

Reinhard Brunner

Hörst du die Stille?

Meditative Übungen mit Kindern
Mit Illustrationen von Brigitte Smith.
111 Seiten. Gebunden

Meditation und Achtsamkeit stehen für eine entspannte und ruhige Haltung dem Leben gegenüber. In diesem Buch bietet Reinhard Brunner Übungen und Meditationen, die zu einem bewußten, liebevollen und gelassenen Umgang mit sich und anderen anleiten. Sie sind für Kinder und Jugendliche im Alter von 5 bis 16 Jahren gedacht, die sie zusammen mit ihren Eltern oder in Gruppen praktizieren können.

Bei der Auswahl und beim Aufbau der Übungen wurde berücksichtigt, wie wichtig für Kinder und Jugendliche diesen Alters ein Wechsel von Bewegung und Ruhe, von Anspannung und Entspannung und nicht zuletzt von aktivem Gestalten und Hingabe ist. Die 21 ganzseitigen Zeichnungen der bekannten Illustratorin Brigitte Smith veranschaulichen die Bewegungsabläufe der Übungen und laden durch ihren meditativen Charakter zu ruhiger, entspannter Betrachtung ein.

Dieses Buch ist eine besonders wertvolle
Hilfe im Alltag mit hyperaktiven Kindern.

Franz Mittermair

Körpererfahrung und Körperkontakt

Spiele, Übungen und Experimente für
Gruppen, Einzelne und Paare
101 Seiten. Zahlreiche Fotos.
Kartoniert

»Körperarbeit« erfreut sich in Gruppen wachsender Beliebtheit. Dieses Buch bietet Gruppenleitern eine Sammlung von Spielen, Übungen und Experimenten, die auch ohne spezielle Ausbildung eingesetzt werden können, z. B. Anleitungen für Kennenlernspiele, Anwärm- und Lockerungsübungen, Partnermassagen und Meditation mit Gruppen. Die dabei gewählten Methoden entstammen zum größten Teil humanistischen Therapieformen oder sind östlicher Herkunft.

Franz Mittermair geht auch darauf ein, wie sich ein Gruppenleiter verhalten sollte, wenn Gefühle frei werden, wenn zu viel oder zu wenig Energie in der Gruppe vorhanden ist, und wie sich die begonnene Körperarbeit sinnvoll weiterführen läßt. Durch die übersichtliche Darstellungsweise kann für jede Gruppe das Geeignete gezielt ausgewählt werden. Zahlreiche Fotos geben Hilfe bei der Anleitung.